CONCENTRICO

URBAN INNOVATION LABORATORY

LABORATORIO DE INNOVACIÓN URBANA

Edited by / Editado por
Javier Peña Ibáñez
& Nick Axel

PARK BOOKS

URBAN ECOLOGIES
ECOLOGÍAS URBANAS

PLAYABLE CITIES
CIUDADES JUGABLES

DOMESTICATING PUBLIC SPACE
DOMESTICANDO EL ESPACIO PÚBLICO

CONVERSATION

CONVERSACIÓN

Nick Axel

For a decade now, Concéntrico has been a vibrant space of experimentation that has drawn together some of the leading figures in the field of architecture, urban art, and design. Every year, people come to Logroño to discover new ways of engaging with the city, and its citizens get to test out new ways of inhabiting and relating to public space. I'm curious to hear how the festival has evolved over the past ten years, but perhaps we can start from the beginning. What were you aiming for when you started Concéntrico? Where did it come from, and how did it come about?

Javier Peña

When the festival first began, I was interested in ideas of participation, in discovering alternative forms of urban spatial practice that can connect cities more closely to the people who live in them. I was working with these ideas independently, making urban installations and other types of projects, but I knew that I was not alone in this. So, in a sense, Concéntrico started as a way to have conversations and deepen discussions with other architects, artists, and designers who were working with similar types of practices. At the same time, I was thinking about how there were so many different types of festivals, like photography, art, music, theater, dance, etc., and how few architecture and design festivals there were.

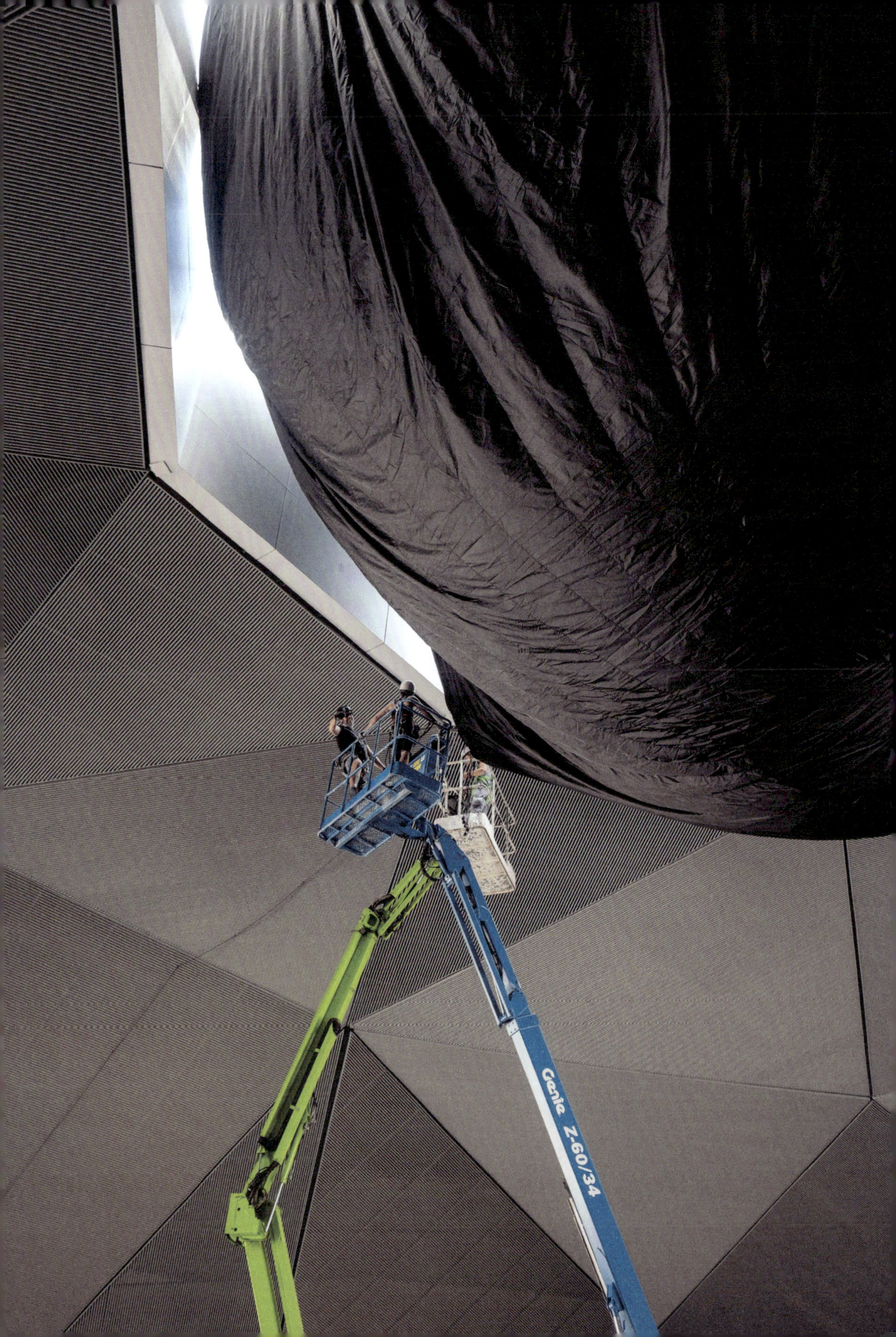
Genie Z-60/34

I found this surprising, because everyone understands and relates to architecture and design. Cities are huge and complex things, and everyone experiences them differently. So I thought that creating urban installations could add meaning and help expand our understanding of the way we collectively inhabit this larger whole.

N One thing that I think makes Concéntrico unique is that everything is real. Everything is 1:1. There are not really many exhibitions; there are no plans and sections. Everything is present. It's in the street. People can go to it, they can play with it, touch it. It's very accessible. And because of that, it makes architecture itself accessible, which, as a creative and imaginative practice, it so often isn't. In Concéntrico, architecture isn't just an idea; it's not just a speculative possibility. It's right there in front of you. It's real.

J It's interesting to think about how the festival's relation to the people of Logroño has changed over the years. In the beginning, we built installations in places like small courtyards or squares in the old part of the city, which tried to show the urban qualities and heritage in new ways. But we quickly faced a problem, because people didn't actually use these places very often. We wanted to change the way people saw their everyday lives and urban environments, but their lives took place elsewhere. Plastique Fantastique's *RINGdeLUXE* was a turning point in the development of the festival, as it was the first time we made an installation in a highly visible location. Making such a playful and symbolic installation on the old city hall allowed us to explore new audiences, and to test more radical ways of approaching local issues.

N How would you describe the urban context of Logroño, and how people use the city?

J Due to socioeconomic and demographic changes that took place throughout Spain at the end of the twentieth century, most of the people who used to live in the center moved to newer areas on the periphery of the city. This left the center in a state of disrepair and decay, which in turn led to its stigmatization. There were still some important civic places left in the center like markets, but what this meant is that when people did come into the center of the city, they really only used the main streets and squares. They didn't go off the beaten path.

N So it wasn't enough to simply bring people to new places they may not be so familiar with. You felt the need to meet residents where they were?

J Exactly. Around the same time as we started to realize the limits to the types of interventions we had been developing, Covid-19 hit. This not only intensified people's relations with the urban environments they lived in, but also created a greater need for wide open spaces. We always wanted to use bigger sites in the city, like parks and bigger squares, and the pandemic helped us gain access to them. Since then, we have created large-scale installations in some of the main public spaces of the city. We've also moved beyond the historic center and developed projects for parts of the city that might be less cared for, and are certainly less picturesque, but are more densely populated and frequently used.

N Like where? And what kind of impact has this had?

J Camille Walala's installation *Throwing Shade*, for instance, was located in La Plaza Sin Nombre, or "the square with no name," which is located in a very diverse neighborhood. Lots of people lived right around the square, and it's frequently used by children to play football, but the square itself was not really designed to be used. It didn't have many amenities, so the neighborhood association asked us to create a shaded area. Camille's colorful and playful installation was a magnet for residents. The local government tried to maintain the installation for as long as it could, but it was ultimately not possible to get a permit to have it stay permanently. Similarly, 44flavours made *A topographic-landscape-painted* in La Villanueva, which is a neighborhood on the border between the old and new city. Over the past few decades, this area had become quite degraded, with many empty lots, no sidewalks, etc. We found an informal parking area located next to an organization that helps integrate migrant communities within the city and transformed it into a skate park. The space was not only used during the festival, but the intervention has remained after all these years. It's even been given a new name: La Plaza de la Villanueva. This capacity to evoke and create new imaginaries, to be able to invent one's own sense of belonging, has been really fundamental to Concéntrico.

N What other social dynamics have you seen emerge in response to the installations?

J One thing these kinds of installations helped us learn is that streets and public spaces are not merely transit routes, but places of encounter and exchange, of learning and stimulation. Belonging to a neighborhood is not a geographical question, but a cultural one. The street is where language is learned, as well as class consciousness and group affinity. The street is a place of learning. One other really important and interesting aspect about the type of work we produce is that all of our installations are located outdoors in public spaces. When you do this, there's not really any way to control what happens. There are no opening times; anyone can use them, whenever they want, and pretty much in whatever way they want. This adds a certain degree of risk, but that's also what makes the festival, and the relations that people have to the work we create, so special.

N That's also something essential to architecture. You can design something as much as you want, but as soon as it's built, it's going to be used in millions of ways that

14

no architect could possibly anticipate. There's a rawness and a messiness to life that should be embraced, particularly when designing for the public sphere.

J It's a beautiful thing. I never know, or I can never really say, what installation is the "best" from each year of the festival, because I'm not the one who makes that decision! The public does. We learn a lot about the meaning of projects from how people use them.

N Do you feel like you have figured out what works, what engages people? I'm also curious to hear what your process of learning is like, from year to year?

J We definitely don't have the answer, or a solution to engaging audiences. It really depends! Sometimes teams are invited because I think they have the potential to further develop some of the topics, spaces, or issues that were dealt with or emerged in previous editions of the festival. When I work with these teams, we always reflect on what went well in the past and what didn't. But when a project works, it tends to be not just the result of a good idea. It's about developing a good idea for the right place. One good example of this was *The Hiber Space* by Rintala Eggertsson Architects. They created a simple space in a park for people to sit and look out onto the Ebro River, but in a way that you would not be seen from the park when doing so. Many people only discovered this space as a result of this project and the intimate relations it offered with the surroundings. Ever since, it has been frequented despite the installation itself having disappeared. To me, that's what Concéntrico is all about, because we need to imagine better futures, better ways of living in cities.

N Concéntrico started at an interesting moment, not long after the financial crisis and the Arab Spring. Emerging from conditions of despair, this was a moment of hope and possibility. But today, things look a bit different. How would you reflect on the way that cities have evolved over the past ten years?

J The festival started during what could be referred to as an era of mayors. Across Spain, Europe, and the world, there were these revolutions happening in cities, and mayors were the people in power who could actually address and respond to many of their immediate concerns in meaningful ways. It was a democratic moment, where cities could experiment and respond to emergent issues like climate change and neoliberalization. But today, it seems like the issues that cities tend to face are not very local, but more national, even international. Riding a bike, for instance, or advocating for bike lanes, has in many places become a sign that you are on the left, whereas driving a car might automatically position you on the right. Such ideological polarization is not a conducive environment for collectively imagining the future of cities.

N It's an interesting point. I always say that cities have changed so dramatically over the past ten years, and that many of these changes have been rather poorly managed. In so many places, architects been excluded from the discussion or decision-making table. What you're doing with Concéntrico, creating these ephemeral 1:1 installations, forces the city to have this conversation—and for architects to be part of it. At the same time, something I see as a very fundamental ethos to Concéntrico is that it empowers people. The fact that you're able to realize all of these installations in these public spaces shows people that things can be different. It gives them agency to imagine things otherwise. Even though the festival is only one week long, for a citizen to see their city change—for the places they frequent every day to become something completely else, even if only once a year—is in a way liberatory.

J We all live in cities, in architecture, in design, but the knowledge of how those things are made, and perhaps more importantly, how they can change, is actually quite unfamiliar or out of reach for many people. It's not like it's taught in schools. You could say that we try to help people understand things from the perspective of an architect, or at least the way architects see space as mutable. We want to give people the opportunity to imagine new futures and new uses for cities. People need to be given the tools to understand what they want.

N Can you tell me about Logroño? Beyond the individual places where you've developed work, I'm curious to hear how the city has influenced Concéntrico.

J The scale of the city is nice for an architecture festival like Concéntrico because it's possible to walk from the historical part of the city to a river running through a forest, to a vineyard in rural landscape, to a modern area all within a couple of hours' walk. This allows us to experiment with many different approaches to many different elements of cities. I like to say that we don't just work with Logroño, but that we work with different urban typologies: squares, streets, parking lots, monuments, religious buildings, schools, etc. As someone who grew up in Logroño, I've seen the city change in so many ways. I've also experienced it in so many ways. This has informed how I look not just at this city, but all cities. In this sense, the installations we make have meaning not only for Logroño, but also for other people and other places.

N And how do you think Concéntrico has influenced Logroño?

J Regardless of whether cities change quickly or slowly, they often change quietly. Take the rise of Airbnb and the crisis of tourism that so many cities face today. None of that happened suddenly, but now that it's here, it's difficult to go back. So in sense, Concéntrico functions as a kind of alarm, a sensor to understand what's happening in the city.

N I love this idea of Concéntrico as a way of reading and responding to what's happening before it's too late. When we started the conversation, I asked how Concéntrico began. To conclude, where do you see Concéntrico going?

J Over the years, Concéntrico has become a tool to explore the possibilities of architecture and design to change people's lives. After ten years, we are trying to think how we can be more than a festival, because as great as it is, festivals do have certain constraints and restrictions. We are continuing the festival, but we are also now working on permanent installations, as well as on educational programs for schools, where we try to share our approach to reimagining cities with children from around the Rioja region. We are also constantly working to generate new alliances with other municipalities or entities with similar interests in order to continue innovating in the city. We are always trying to identify new formats, new temporalities, and new ways to distill the essence of the festival and create something larger. Concéntrico is a laboratory, and there are so many possible worlds to explore.

aresol
SE VENDE

CONVERSATION

Nick Axel

Desde hace una década, Concéntrico ha sido un espacio vibrante de experimentación que ha reunido a algunas de las figuras más destacadas en los campos de la arquitectura, el arte urbano y el diseño. Cada año, personas de distintos lugares vienen a Logroño para descubrir nuevas formas de interactuar con la ciudad, y sus ciudadanos tienen la oportunidad de probar nuevas maneras de habitar y relacionarse con el espacio público. Tengo curiosidad por saber cómo ha evolucionado el festival a lo largo de estos diez años, pero quizá podamos comenzar desde el principio. ¿Qué objetivo tenías cuando empezaste Concéntrico? ¿De dónde surgió la idea y cómo se llevó a cabo?

Javier Peña

Cuando empezó el festival me interesaban las ideas de participación, el descubrimiento de formas alternativas de la práctica espacial urbana que pudieran establecer conexiones más estrechas entre las ciudades y sus habitantes. Ya estaba trabajando independientemente con estas ideas, a través de instalaciones urbanas y otros tipos de proyectos, pero sabía que no era el único, así que en cierto modo Concéntrico nació como una manera de entablar conversaciones y ahondar en el debate con otros arquitectos, artistas y diseñadores ocupados en prácticas de tipo similar. Al mismo tiempo, me rondaba por la cabeza la idea de que había muchos tipos de festivales, como los de fotografía, arte, música, teatro, danza, etc., pero muy pocos de arquitectura y diseño.

J Lo encontraba sorprendente, porque la arquitectura y el diseño son cosas que entiende todo el mundo, y que tocan de cerca a todo el mundo. Las ciudades son entidades enormes y complejas, que vive cada cual a su manera. En suma, que pensé que crear instalaciones urbanas podía añadir significado y contribuir a ampliar nuestra comprensión de cómo habitamos colectivamente ese todo más grande.

N Una de las cosas que hacen de Concéntrico algo único, a mi entender, es que todo es real. Todo es 1:1. En el fondo no hay muchas exposiciones; no hay planos, ni secciones. Todo está presente, en la calle. La gente puede acercarse, jugar y tocar. Es muy accesible, y por el hecho de serlo vuelve accesible a la propia arquitectura, que, como actividad creativa e imaginativa, muchas veces no lo es. En Concéntrico, la arquitectura no es solo una idea, o una posibilidad especulativa. La tienes delante. Es real.

J Resulta interesante pensar en cómo ha ido cambiando con los años la relación del festival con los logroñeses. Al principio construíamos instalaciones en espacios como pequeños patios o plazas del casco viejo, que pretendían mostrar con nuevas perspectivas los atributos y el patrimonio urbanos, pero nos topamos enseguida con el problema de que en realidad la gente no usa mucho estos sitios. Queríamos cambiar cómo veía la gente sus vidas cotidianas y sus entornos urbanos, pero sus vidas se desarrollaban en otro sitio. *RINGdeLUXE*, de Plastique Fantastique, marcó un antes y un después en la evolución del festival, porque era la primera vez que hacíamos una instalación en una ubicación muy visible. Hacer una instalación tan lúdica y simbólica en el antiguo Ayuntamiento nos permitió explorar nuevos públicos y poner a prueba enfoques más radicales de los temas locales.

N ¿Cómo describirías el contexto urbano de Logroño, y el uso que hace la gente de la ciudad?

J Los cambios socioeconómicos y demográficos que se produjeron en toda España a finales del siglo XX hicieron que la mayoría de quienes vivían en el centro se mudasen a otras zonas más nuevas de la periferia de la ciudad, dejando el centro en un estado de abandono y decadencia que a su vez condujo a su estigmatización. El centro seguía conservando espacios cívicos importantes, como los mercados, pero la consecuencia fue que cuando se iba al centro de la ciudad solo se usaban las calles y plazas principales, sin salirse de los recorridos más trillados.

N O sea, que no bastaba con llevar a la gente a sitios nuevos con los que quizá no estuviera demasiado familiarizada. ¿Sentisteis la necesidad de ir vosotros al encuentro de los residentes?

J Exacto. Sobre la misma época en que empezamos a tomar conciencia de los límites de los tipos de intervenciones que habíamos estado produciendo, llegó el Covid-19, que no solo intensificó las relaciones de la gente con los entornos urbanos

en los que vivía, sino que también generó una mayor necesidad de grandes espacios abiertos. Siempre habíamos querido usar espacios urbanos más amplios, como parques y grandes plazas. La pandemia nos ayudó a acceder a ellos, y desde entonces hemos creado instalaciones a gran escala en algunos de los principales espacios públicos de la ciudad. También hemos ido más allá del centro antiguo, desarrollando proyectos para otras partes de la ciudad que quizá no estén tan cuidadas, y que indudablemente son menos pintorescas, pero que tienen una mayor densidad de población, y un uso más frecuente.

N ¿Cómo cuáles? ¿Y qué tipo de impacto han tenido?

J La instalación de Camille Walala *Sombra proyectada*, por ejemplo, se ubicó en la Plaza Sin Nombre, que forma parte de un barrio muy diverso. En el entorno inmediato de la plaza vivía mucha gente, y la usaban mucho los niños para jugar al fútbol, pero en el fondo, como plaza en sí, no estaba diseñada para su uso. Ante la falta de instalaciones, la asociación de vecinos nos pidió que creásemos una zona de sombra. La instalación de Camille, tan colorida y lúdica, se convirtió en un imán para los residentes. La administración local intentó mantenerla el mayor tiempo posible, pero al final no se pudo obtener un permiso para que se quedara permanentemente. Otro caso parecido es *Paisaje topográfico pintado*, de 44flavours, en La Villanueva, que es un barrio a caballo entre la ciudad antigua y la nueva. En las últimas décadas, la zona se había degradado mucho: solares vacíos, falta de aceras... Encontramos una zona de aparcamiento informal cerca de una organización que ayuda a las comunidades migrantes a integrarse en la ciudad, y la transformamos en un *skate park*. Más allá del uso que se hizo del espacio durante el festival, la intervención, después de tantos años, sigue en pie, y ha recibido incluso un nuevo nombre: la Plaza de La Villanueva. Esta capacidad de evocar y crear imaginarios nuevos, de poder inventarse el propio sentido de pertenencia, ha sido fundamental para Concéntrico.

N ¿Qué otras dinámicas sociales has visto aparecer en respuesta a las instalaciones?

J Una de las cosas que nos ha ayudado a descubrir este tipo de instalaciones es que las calles y los espacios públicos, lejos de ser solo rutas de tránsito, son lugares de encuentro e intercambio, de aprendizaje y estimulación. La pertenencia a un barrio no es una cuestión geográfica, sino cultural. La calle es donde se aprende el lenguaje, y no solo el lenguaje, sino también la conciencia de clase y la afinidad grupal. Es un lugar de aprendizaje. Otro aspecto muy importante, y muy interesante, del tipo de intervenciones que realizamos es que todas nuestras instalaciones se hacen al aire libre, en espacios públicos, y la

24

verdad es que así es imposible controlar lo que sucede. No hay horarios de apertura. Puede usarlos quien quiera, cuando quiera y prácticamente como quiera, lo cual comporta cierto grado de riesgo, pero también es lo que hace que el festival, y las relaciones entre la gente y las obras que creamos, sean tan especiales.

N También es un elemento esencial de la arquitectura: por mucho que te esfuerces en diseñar algo, una vez construido se le darán millones de usos imposibles de prever por ningún arquitecto. Habría que aceptar lo que tiene la vida de cruda, de desordenada, sobre todo cuando se diseña para el ámbito público.

J Es algo bonito. Yo en el fondo nunca sé, o no puedo decir, cuál es la «mejor» instalación de cada año, porque no decido yo, decide el público. La manera que tiene la gente de usar los proyectos nos enseña mucho sobre su significado.

N ¿Tienes la sensación de haber averiguado qué funciona, qué llama la atención? También tengo curiosidad por que me digas cómo es tu proceso de aprendizaje de año en año.

J No, en absoluto; no tenemos ninguna respuesta o solución para captar el interés del público. ¡Depende mucho, la verdad! A veces invitamos a equipos, porque creo que tienen el potencial de llevar más allá algunos de los temas, espacios o cuestiones que se trataron o que aparecieron en ediciones anteriores del festival. Siempre que trabajo con estos equipos reflexionamos sobre qué salió bien y qué no anteriormente, pero los proyectos que funcionan no suelen hacerlo solo porque detrás haya una buena idea. De lo que se trata es de aplicar una buena idea al lugar adecuado. Un buen ejemplo fue *Espacio Hiber*, de Rintala Eggertsson Architects. Crearon un espacio sencillo en un parque para que la gente se pudiera sentar a contemplar el Ebro, pero sin ser vista desde el parque. Hubo mucha gente que solo descubrió este espacio gracias al proyecto, y a las relaciones íntimas con el entorno que ofrecía. Desde entonces, aunque la instalación en sí haya desaparecido, la gente sigue yendo. Para mí es esa la esencia de Concéntrico, porque necesitamos imaginar mejores futuros, mejores maneras de vivir en las ciudades.

N Concéntrico empezó en un momento interesante, poco después de la crisis financiera y la Primavera Árabe. Era un momento de esperanza y posibilidades después de una situación desesperada. Hoy, en cambio, todo tiene un aspecto algo distinto. ¿Qué reflexión harías tú sobre la evolución de las ciudades a lo largo de estos últimos diez años?

J El festival empezó durante lo que se podría describir como una época de alcaldes. A lo largo y ancho de España, de Europa y del mundo, las ciudades eran escenario de revoluciones, y los alcaldes eran las personas con poder capaces de abordar y responder de forma significativa a muchos de sus problemas inmediatos. Fue un

momento democrático en el que las ciudades podían experimentar y responder a cuestiones emergentes como el cambio climático y la neoliberalización. Hoy, en cambio, parece que las cuestiones a las que se enfrentan las ciudades tienden a no ser muy locales, sino nacionales, y hasta internacionales. En muchos sitios, por ejemplo, ir en bici, o abogar por los carriles bici, ha pasado a ser señal de que te sitúas en la izquierda, mientras que ir en coche te puede posicionar automáticamente en la derecha. Esta polarización ideológica no es un buen caldo de cultivo para imaginar de forma colectiva el futuro de las ciudades.

N Es interesante lo que explicas. Yo siempre digo que en los últimos diez años las ciudades han cambiado de manera radical, y que la gestión de muchos de esos cambios ha sido bastante mala. En muchos sitios se ha excluido a los arquitectos del debate o de la toma de decisiones. Lo que hacéis vosotros en Concéntrico, que es crear instalaciones efímeras 1:1, obliga a la ciudad a entrar en el debate, y a que los arquitectos formen parte de él. Al mismo tiempo, Concéntrico tiene una ética que me parece absolutamente fundamental, y es que empodera a la gente. El hecho de que podáis llevar a cabo tantas instalaciones en espacios públicos le demuestra a la gente que las cosas pueden ser de otra manera. La faculta para imaginarse las cosas de otro modo. Aunque el festival solo dure una semana, para el ciudadano ver cambiar su ciudad —ver que los sitios por los que pasa a diario se convierten en algo totalmente distinto, aunque solo sea una vez al año— tiene algo de liberador.

J Todos vivimos en ciudades, en arquitectura, en diseño, pero la verdad es que mucha gente ignora, o no tiene acceso, al conocimiento sobre cómo se hacen esas cosas, y sobre algo quizá más importante: cómo se pueden cambiar. No es nada que se enseñe en las escuelas. Se podría decir que intentamos ayudar a que la gente entienda las cosas desde el punto de vista de un arquitecto, o al menos con esa manera que tienen los arquitectos de ver el espacio como algo cambiante. Queremos darle a la gente la oportunidad de imaginar futuros nuevos y usos nuevos para las ciudades. Hay que darle a la gente los instrumentos necesarios para entender qué quiere.

N ¿Podrías hablarme de Logroño? Más allá de los lugares concretos donde habéis trabajado, tengo curiosidad por que me expliques cómo ha influido la ciudad en Concéntrico.

J Es una ciudad con una escala que le va muy bien a un festival de arquitectura como Concéntrico, porque en pocas horas puedes desplazarte a pie entre la parte histórica de la ciudad, un río que atraviesa un bosque, un viñedo rodeado de un paisaje rural o una zona moderna. Gracias a ello podemos experimentar con muchos enfoques de muchos elementos de las ciudades. A mí me gusta decir que no trabajamos solo con Logroño, sino con varias tipologías urbanas: plazas, calles, aparcamientos, monumentos, edificios religiosos, escuelas, etc. Al haber nacido en Logroño, he sido testigo de los muchos aspectos en los que ha cambiado, y también he vivido de muchas maneras la ciudad, lo cual ha conformado mi manera de ver todas las ciudades, no solo esta. En este aspecto, el sentido de las instalaciones que hacemos no se reduce solo a Logroño, sino que se extiende a otras personas y lugares.

N ¿Y cómo crees que ha influido Concéntrico en Logroño?

J Más allá de lo deprisa o despacio que cambien las ciudades, a menudo lo hacen de manera discreta. Piensa en el auge de Airbnb, y en la crisis del turismo a la que se enfrentan hoy en día tantas ciudades. No son cosas que hayan sucedido de la noche a la mañana, pero ahora que están aquí es difícil dar marcha atrás. Vaya, que en cierto sentido Concéntrico hace las veces de una especie de alarma, de sensor para entender qué pasa en la ciudad.

N Me encanta esta idea de Concéntrico como manera de interpretar y responder a lo que pasa antes de que sea demasiado tarde. Al principio de nuestra conversación te he preguntado cómo surgió Concéntrico. A modo de conclusión, ¿adónde crees que va?

J Con el paso de los años, Concéntrico se ha convertido en un instrumento para investigar las posibilidades de cambiar la vida de la gente a través de la arquitectura y el diseño. Una década después seguimos intentando pensar cómo podemos ser más que un festival, porque los festivales, por muy bien que estén, no dejan de tener ciertas limitaciones y restricciones. Seguimos con el festival, pero también estamos trabajando en instalaciones permanentes, y en programas educativos para las escuelas con los que intentamos compartir nuestra manera de reimaginar las ciudades con niños de toda La Rioja. Por otra parte, nos esforzamos constantemente por generar nuevas alianzas con otros ayuntamientos o entidades de intereses similares para seguir innovando en la ciudad. Siempre estamos tratando de identificar nuevos formatos, temporalidades y maneras de destilar la esencia del festival y crear algo mayor. Concéntrico es un laboratorio, y hay muchos mundos posibles que explorar.

CONVERSATION

Bujarrabal

Solozábal
941 70 35 30
DISPONIBLE
VENDE
BRETÓN
Adecco
Residencial San Miguel
PRÓXIMA CONSTRUCCIÓN
941 203 621
market

How do we connect to the places where we live, and how does that shape our identity as people? How do these rituals or meanings make sense to—and for—us? Paseo del Espolón is the central square in Logroño, which in the nineteenth and twentieth centuries was the place where people would go out to see and be seen. Today, however, it's not used in that way. Even so, the big equestrian statue of a nineteenth-century general is still there, and has come to shape the identity of the city. But who is this man, and why is he still being celebrated today? We need new stories that resonate with contemporary society.

Fiction plays a central role in Concéntrico. Speculative installations blur the line between reality and imagination, encouraging visitors to question established meanings of place and self. These architectural fictions suggest alternative urban futures, highlighting how design can both reflect and reshape identity.

IDENTITY & FICTION

IDENTIDAD Y FICCIÓN

1

¿Cómo nos relacionamos con los sitios en los que vivimos, y en qué medida conforman esas relaciones nuestra identidad personal? ¿Cómo les vemos sentido a esos rituales o significados, y qué sentido tienen para nosotros? El Paseo del Espolón es la plaza central de Logroño, donde iban los logroñeses de los siglos XIX y XX para ver y ser vistos. Hoy, en cambio, ya no tiene esa función. Lo que no se ha movido de su sitio es la gran estatua ecuestre de un general del siglo XIX, que ha acabado por ser uno de los elementos forjadores de la identidad de la ciudad. ¿Pero quién es este hombre, en el fondo, y por qué se le sigue rindiendo homenaje? Necesitamos nuevas historias con eco en la sociedad contemporánea.

En Concéntrico, el papel de la ficción es básico. Las instalaciones especulativas difuminan la frontera entre la realidad y la imaginación, animando a los visitantes a cuestionar los significados establecidos del lugar y el yo. Estas ficciones arquitectónicas sugieren futuros urbanos alternativos, y subrayan que el diseño puede reflejar, y a la vez reformular, la identidad.

IZA RUTKOWSKA

Equestrian Statue (Troy)

The most common art object in many Western public spaces has long been the equestrian statue. This dignified shape of a man on a horse symbolically commemorates won battles or wars, or simply glorifies powerful leaders. How can we change the meaning of the equestrian statue today, especially if it was designed by a woman?

Equestrian Statue (Troy) is located just in front of the Espartero monument in the center of Logroño. The wooden horse resembles a giant toy and is not mounted. Anyone with a sense of childlike joy and naivety can try to mount it, but its power to shift the perspective is similar to that of the mythological Trojan horse. Climbing on top of the horse, sitting astride it and then climbing down again can change the way we see public space.

Equestrian Statue (Troy) is designed to be placed in front of the Espertero monument, but there are many more equestrian statues to observe in this way around the world.

Estatua ecuestre (Troya)

El objeto artístico más habitual en muchos espacios públicos occidentales fue durante mucho tiempo la estatua ecuestre, solemne forma de jinete que conmemoraba de manera simbólica las batallas o guerras ganadas, o glorificaba sin más a poderosos líderes. ¿Cómo podemos cambiar hoy en día el significado de la estatua ecuestre, sobre todo si quien la diseña es una mujer?

Estatua ecuestre (Troya) se ubica justo enfrente de la estatua del monumento a Espartero, en pleno centro de Logroño. No hay ninguna figura a lomos de esta especie de juguete gigante de madera, abierto a que trate de subirse a él quien lo desee, con alegría y candor infantiles, pero con una capacidad de cambiar la perspectiva similar a la del caballo mitológico de Troya. Subirse al caballo, sentarse sobre él y volver a bajar puede cambiar nuestra visión del espacio público.

Estatua ecuestre (Troya) está diseñada para su colocación ante el monumento a Espartero, pero hay muchas más estatuas ecuestres que mirar así en el resto del mundo.

WALK

MATALI CRASSET

Dark Sky

Dark Sky simulates an owl that has just landed in the middle of the city. The intervention stands in dialogue with the Concha del Espolón, a kiosk in the form of an auditorium created in 1954. The curved contours and wooden cladding of the large yellow metal structure create a symbolic space that transforms between day and night, like the enigmas surrounding the myth of the owl.

During the day, the installation has an almost maternal presence that invites multiple generations to inhabit three different spaces: a double tunnel for children to play, which, like the famous Tragantúa, invites them to enter through the owl's nose; a double inclined plane where people can lie down and relax; and an elevated plane at the rear that invites people to sit for a while and chat as they look at life through a visor.

At night, the owl awakes and its eyes light up, inviting passersby to sit down and gaze at the stars. *Dark Sky* appeals to the senses and reaffirms that the sky is, above all, a space of imagination and freedom, where everything is in eternal movement.

Cielo oscuro

Cielo oscuro simula un búho que acaba de posarse en medio de la ciudad. La intervención establece un diálogo con la Concha del Espolón, un quiosco en forma de auditorio creado en 1954. Los contornos curvos y el revestimiento de madera de la gran estructura de metal crean un espacio simbólico que del día a la noche se transforma, como los enigmas que rodean el mito del búho.

De día, la presencia casi maternal de la instalación invita a varias generaciones a habitar tres espacios: un doble túnel para el juego de los niños, invitados, como en el famoso Tragantúa, a entrar por la nariz del búho; un doble plano inclinado que ofrece la posibilidad de tumbarse de manera informal; y por último, detrás, un plano alto que invita a instalarse, establecer intercambios y mirar la vida a través de una visera.

De noche, el búho se despierta y se le iluminan los ojos, invitando a los paseantes a acomodarse y mirar las estrellas. *Cielo oscuro* convoca los sentidos y reafirma que el cielo es ante todo un espacio de imaginación y libertad donde todo está en eterno movimiento.

DIDIER FIÚZA FAUSTINO

I Eat the World

I Eat the World is a proposal to turn digital social media into an analog experience. It adopts the form of a mobile device offering people a forum in a public space in which to speak out in front of a physical audience.

Climbing a backstage staircase, anyone can come and play the role they want: guru, social activist, stand-up comedian, singer, poet... Beyond just fifteen minutes of fame, *I Eat the World* stresses the importance of physical relationships and shatters the illusion of fame that is sustained by the digital world. The glittering platform highlights the confusion of the lonely preacher as well as the foolishness of the public speaker whose sole incentive is his audience.

Life is a cabaret!

Me como el mundo

Me como el mundo propone convertir en analógicas las redes sociales digitales. Se configura como un dispositivo móvil que ofrece a la gente un foro en el espacio público para hablar ante un público físico.

Basta con subir una escalera desde el *backstage* para que cualquier persona represente el papel que se le antoje: gurú, activista social, monologuista, cantante, poeta... Más allá de los quince minutos de fama, *Me como el mundo* subraya la importancia de las relaciones físicas y rompe con la ilusión de fama que alimenta el mundo digital. Los brillos de la plataforma enfatizan la confusión del predicador solitario, y la necedad del orador popular cuyo único estímulo es su público.

¡La vida es un cabaret!

LEY

CORVIN CRISTIAN

Fountain

The installation is a circular fountain with a fun installation in its center: a composition of convex mirrors (like traffic mirrors) that conveys the idea of a zoomorphic figure, perhaps an octopus, an alien, or some other fantastic being. Water runs through a multitude of small nozzles in its "branches" or "arms." The mirrors rotate, allowing people to see reflections of the urban environment, social activities, and themselves, which makes it interactive and hypnotic. *Fountain* is compact and can easily fit into a permanent location, transcending its temporary nature. Permanency is the best sustainability.

Fuente

La instalación es una fuente circular con un elemento lúdico en su centro, una composición de espejos convexos (como los de tráfico) que representan una figura zoomorfa, tal vez un pulpo, o un extraterrestre, o algún otro ser fantástico. De las «ramas» o «brazos» sale agua por una multitud de pequeños surtidores. Los espejos, rotatorios, ofrecen reflejos del entorno urbano, de las actividades sociales y de la propia persona que los mira, en una fusión interactiva e hipnótica. Lo compacto de la instalación le permite encajar sin problemas en una ubicación permanente, trascendiendo su naturaleza temporal. La permanencia es la mejor sostenibilidad.

PLAZA
AMÓS
SALVADOR
CALLE
PORTALES

OE ARCHITECTURA

LAN–4

LAN–4 is an abstraction inspired by a wine bottle. Its elongated figure recreates our shape and brings its scale closer to the context of the Ebro River and the Mantible bridge. The tower generates a landmark on the edge of one of the Viña Lanciano vineyards. Its skin, made up of mirrors, creates reflections that contrast with the plywood interior.

LAN–4

LAN–4 es una abstracción que parte de la figura de la botella de vino. Su silueta alargada crea nuestra forma y aproxima su escala al contexto del río Ebro y el puente Mantible. La torre genera un hito al borde de una de las parcelas de Viña Lanciano. Su piel, formada por espejos, crea reflejos que contrastan con el interior en madera contrachapada.

BRANCO DEL RÍO

In the Tunnel

The tunnel, *el calado*, is a thirty-meter-long stone masonry vault. Its access—a central door at one end—reveals a striking place while simultaneously turning it into a single image. But why walk down it? The intervention expands the experience of the space, turning the tunnel into a path by distorting and subdividing it.

Upon entering, a wooden structure interrupts the view, hiding the full depth of the space and offering only the continuity of the stone vault. In the center, a small hole invites visitors to peek inside, like voyeurs, looking for the end of the tunnel. However, the space on the other side has no end: its limit remains out of sight.

Moving around the structure, visitors are confronted with their own image repeated by two mirrors. With no frame, the installation merges with the vault in a way that makes it difficult to distinguish between reflection and reality.

En el túnel

El túnel, o «calado», es una bodega subterránea de sillería de treinta metros de longitud cuyo acceso —una puerta central en un extremo— revela un espacio impresionante, a la vez que lo convierte en una sola imagen. ¿Pero qué sentido tiene recorrerlo? La intervención amplía la experiencia del espacio, convirtiendo el túnel en camino a base de distorsionarlo y subdividirlo.

Al entrar, una estructura de madera obstaculiza la vision, ocultando la profundidad total de espacio, del que solo es visible la continuidad de la bóveda de piedra. En el centro hay un pequeño agujero que invita a los visitantes a hacer de mirones y buscar el final del túnel. Sin embargo, el espacio del otro lado no tiene fin. Sus límites no son visibles.

Al rodear la estructura, los visitantes se encuentran ante su propia imagen repetida por dos espejos. La instalación, sin marco, se funde con la bodega hasta el punto de que resulta difícil distinguir entre reflejo y realidad.

PALOMA CAÑIZARES

Silk Pavilion

Silk Pavilion is an investigation into the structural possibilities of textiles. Silk is one of the strongest natural fibers; it is four times stronger than steel. When stiffened, silk acquires quantifiable structural possibilities, in contrast with its lightness.

Geometry is an important factor in making silk self-supporting. For the *Silk Pavilion*, a simple three-pointed element was drawn and repeated twelve times to form a dodecagon. The ensemble, both a structure and an enclosure, is stable. The result is a gold star-shaped pavilion. Inside, the perforated skin lets in rays of light from another star, the one that illuminates us every day.

Silk Pavilion seeks new construction possibilities: faster, lighter, modular, reusable, adaptable, and with infinite plastic possibilities. We believe in the interconnection of disciplines and the scalability of systems, in the use of simple elements for complex solutions, and in the ability of spaces to influence the emotional states of the beings that inhabit them.

Pabellón de seda

Pabellón de seda es una investigación sobre las posibilidades estructurales de los tejidos. La seda es una de las fibras naturales más resistentes, cuatro veces más que el acero. Rigidizada, tendría unas posibilidades estructurales cuantificables, en contraste con su ligereza.

La geometría es un factor de primer orden para que la seda sea autoportante. Para *Pabellón de seda* se dibujó un elemento sencillo de tres puntas repetido doce veces para formar un dodecágono. El conjunto, a la vez estructura y cerramiento, es estable. El resultado es un pabellón en forma de estrella, que explica su color dorado. En el interior, la piel perforada deja pasar los rayos de luz de otra estrella, la que nos ilumina a diario.

Pabellón de seda busca nuevas posibilidades de construcción, más rápidas, ligeras, modulables, reutilizables, adaptables y con posibilidades plásticas infinitas. Se busca la interconexión de disciplinas y la escalabilidad de los sistemas en el uso de elementos simples para soluciones complejas, y en el de las cualidades de los espacios para influir en los estados emocionales de los seres que los habitan.

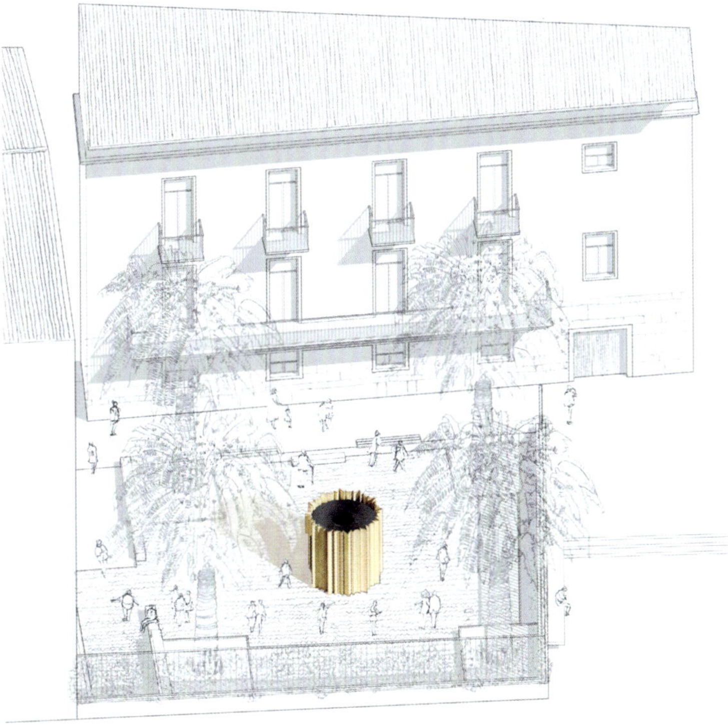

OANA STĂNESCU

Strawberry

An ode to the fruit, the earth, and the people that help bring it to the table, to our lips. *Strawberry* is inspired by and dedicated to the strawberry pickers and estimated one million seasonal farmworkers across the EU.

An oversized, upside-down, and inside-out strawberry is nested in Plaza Santa Ana, against the backdrop of Iglesia de Santa María de Palacio and the children's playground. The soft plywood exoskeleton contrasts with the surroundings' smooth stone textures. A small opening invites visitors to enter and discover the strawberry-like interior: a soft red cocoon. It is a rich and peaceful introverted space, remote from the outside world. The structure looms over Calle Marqués de San Nicolás; a provocative contrast visible from far away.

Fresa

Fresa, oda a la fruta, la tierra y las personas que ayudan a llevarla a la mesa, a nuestros labios, está inspirada y dedicada a los recolectores de fresas y al millón de temporeros de la agricultura que se calcula que trabajan en toda la UE.

En la plaza de Santa Ana, con la iglesia de Santa María de Palacio y el parque infantil como telón de fondo, se ha instalado una gran fresa boca abajo y al revés. El suave exoesqueleto de madera contrachapada contrasta con las texturas de piedra lisa de su entorno. Una pequeña abertura pide a los visitantes que se inclinen para descubrir el interior, similar también él a una fresa: un suave capullo rojo. Es un espacio suntuoso, introvertido y apacible, ajeno al mundo exterior. La estructura domina la calle Marqués de San Nicolás en un provocador contraste visible a gran distancia.

UN PARELL D'ARQUITECTES

Urban Fountain

The fountain was the last link in the art of taming water and bringing it into the city, before it reached the tap in the house. It was a symbol of urbanity, the culmination of a complex system of regulation, collection, and distribution. Before being reduced to an element of urban furniture, the fountain played a decisive role in urban life, with the capacity to build a place of meeting and social relations.

The quadruped geometry of the *Urban Fountain* forms four ornamented concave facades that strike a dialogue with the surrounding buildings. On each of them, a still life of animals, objects, and figures builds an altarpiece where water, reflections, and sound encourage quiet contemplation in the public space and alter the atmosphere of the place.

Fuente urbana

La fuente era el último eslabón del arte de domesticar el agua y traerla a la ciudad, antes de su llegada a los grifos de las casas. Era un símbolo de urbanidad, la culminación de un complejo sistema de regulación, captación y distribución. Antes de reducirse a un elemento de mobiliario urbano, la fuente desempeñaba un papel determinante en la vida urbana, y tenía la capacidad de construir un lugar de encuentro y relación social.

La geometría cuadrúpeda de *Fuente urbana* dibuja cuatro fachadas cóncavas ornamentadas que establecen un diálogo con los edificios de su alrededor. En cada una de ellas, una naturaleza muerta de animales, objetos y figuras construye un retablo donde el agua, los reflejos y el sonido estimulan la contemplación en el espacio público y alteran la atmósfera del lugar.

La Rioja
BIEN JUGA

PLASTIQUE FANTASTIQUE

RINGdeLUXE

RINGdeLUXE embraces the Instituto Estudios Riojanos headquarters. It is a gorgeous project for a glamorous neighborhood! Not all that glitters is gold: *RINGdeLUXE!*

RINGdeLUXE

RINGdeLUXE abraza la sede del Instituto de Estudios Riojanos. Es un proyecto precioso, para un barrio lleno de glamour. No todo lo que brilla es oro: *¡RINGdeLUXE!*

SPY

Eclipse

Eclipse places a sixteen-meter-diameter black sphere in the central oculus of the Logroño intermodal station.

Historically, oculi had the function of windows, as a space for the passage of light. Etymologically, the word derives from the Latin expression *ochulos,* which literally translates as "eye."

In the Neolithic period, oculi were interpreted as a symbol of the gods' constant vigilance and attention to the actions of human beings.

Eclipse

Eclipse sitúa una esfera negra de dieciséis metros de diámetro en el óculo central de la estación intermodal de Logroño.

Históricamente, los óculos tenían funciones de ventana, de espacio para el paso de la luz. La etimología del vocablo lo relaciona con el latín *ochulos*, cuya traducción literal es «ojo».

En el Neolítico, los óculos se interpretaban como símbolos de la constante vigilancia de los dioses, siempre atentos a los actos de los seres humanos.

JUAN LLAMAZARES ARGÜELLES

Stairway to Heaven

The scope of action is a viticultural environment of singular beauty. Geographically, the area is a flat plateau, covered by a "sea of vineyards" and embraced by a meander of the Ebro River to the north, east, and west. To fit in this environment, materials are only used in their natural, unprocessed state.

Stairway to Heaven invites people to contemplate reality from a new perspective. The installation places viewers' point of view eight meters above ground. It provides a 360º panoramic view that allows people to discover the uniqueness of the site. The experience of changing the habitual (ground-level) point of view, and the ceremonial sense of ascending, prepare viewers to reach a state of contemplation.

Stairway to Heaven

El ámbito de actuación es un entorno vitivinícola de singular belleza. Geográficamente, el área es una meseta plana, cubierta por un «mar de viñas» y abrazada al norte, al este y al oeste por un meandro del río Ebro. La inserción en el entorno se confía al uso de materiales en estado natural, sin tratamiento.

Stairway to Heaven invita a contemplar la realidad desde una nueva perspectiva. La instalación sitúa el punto de vista de los espectadores a ocho metros del suelo, y brinda una visión panorámica de 360 grados que permite descubrir la excepcionalidad del paraje. La experiencia de cambiar el punto de vista habitual (a ras de suelo), y el sentido ceremonial de la subida, preparan a los espectadores para un estado de contemplación.

MANUEL BOUZAS CAVADA + MANUEL BOUZAS BARCALA + CLARA ÁLVAREZ GARCÍA

Origami

A piece of paper can't hold itself up, but if it is folded several times in precise places, it can. Neither can a wood panel hold itself up, but if it is folded several times in precise places, it, too, acquires that ability.

The idea behind this information pavilion sought to create an icon, a magnet to arouse the curiosity and attention of citizens. It also aimed to demonstrate how wood panels can be self-supporting without any supporting structure or foundation. It uses just thirty-nine panels of plywood. The construction is also very simple: the panels are connected with hinges, allowing them to move like paper. Once all of the panels have been joined, *voilà!* Gravity will do its work.

A folded piece of paper. A work of origami.

Origami

Un folio no se sostiene por sí mismo, pero una serie de plegados precisos le permiten hacerlo. De modo similar, un panel de madera no se sostiene por sí mismo, pero también puede hacerlo mediante una serie de plegados precisos.

La idea en la que se basa este pabellón de información es generar un icono, un polo de atracción para despertar la curiosidad y la atención de los ciudadanos. También se pretende demostrar que los paneles de madera pueden ser autoportantes, sin emplear ninguna estructura de soporte o fundamento. Solo se usan treinta y nueve paneles de madera contrachapada. La construcción también es sencilla: los paneles se unen con bisagras, que permiten la rotación, como un papel. Una vez atados todos los paneles, *voilà!* La gravedad hará su trabajo.

Un papel doblado. Un origami.

CAMILLE WALALA

Throwing Shade

Throwing Shade is an optical oasis. The vibrant pavilion offers relief from the midday sun as well as a joyful escape among the muted tones of the inner city landscape. As the planet rotates, the moiré-like shade cast by the geometric architecture slowly dances across the floor. Pedestrians can move around the structure to find new patterns perpetually emerging and creating a kinetic work of art. *Throwing Shade* is a place to meet and connect, or simply watch the world go by.

Sombra proyectada

Sombra proyectada es un oasis óptico, un pabellón dinámico que alivia con su sombra el sol de mediodía, ofreciendo un paréntesis alegre entre los tonos grises del paisaje urbano. La rotación del planeta hace bailar lentamente por el suelo la sombra, como de muaré, proyectada por la arquitectura geométrica. Los peatones pueden circular por la estructura para descubrir nuevos patrones que se desvelan en constante sucesión, creando una obra de arte cinética. *Sombra proyectada* es un lugar para reunirse y relacionarse, o simplemente para ver pasar el mundo.

WILLEM DE HAAN

Public Monument

The iconic monument of General Espartero seems to be inhabited! Replacing the monument's pedestal for a humble private home is an attempt to personally relate to an otherwise inaccessible, stately presentation of the historic local figure. The temporary sculpture playfully questions the role of honorary statues in public space, as it directly combines the aesthetics of glorification with a relatable scene out of everyday life.

Monumento público

¡El emblemático monumento al general Espartero parece habitado! La sustitución del pedestal por una humilde vivienda es un intento de relacionarse personalmente con una representación, inaccesible y majestuosa, de una figura histórica local. La escultura temporal cuestiona de manera lúdica el papel de las estatuas honoríficas en el espacio público, a través de una combinación directa entre la estética de la glorificación y una escena de la vida cotidiana con la que podemos identificarnos.

SE VENDE

VIZYON

Espartero

1895

CALLE
ONCE
DE JUNIO

2

Specific elements like churches, walls, and squares become monuments and represent the identity of a city. These elements are not just huge but heavy, because of the meaning they give to a place. Across Europe today, municipalities take care to preserve their history without really thinking about the potential of what they're preserving. Heritage can be given new meaning that connects it to the present. Associates Architecture created a massive green door in a gap in the Revellín fortification walls, which amplified its historical meaning while contextualizing it in a new way. Gregor Schneider created an experience of darkness just in front of the cathedral, with multiple connections to religion and ritual. These projects explore how symbols—whether drawn from local history, collective memory, or urban mythology—shape the identity of a place. Some interventions highlight hidden or overlooked heritage, revealing layers of meaning embedded in the city. Heritage is what makes sense of a city, and today it's changing. We not only need to explain this to people, but also allow them to think in different ways about it.

HERITAGE & SYMBOLISM

PATRIMONIO Y SIMBOLISMO

2

Hay elementos específicos —iglesias, paredes o plazas— que al convertirse en monumentos pasan a representar la identidad de una ciudad. Son elementos, además de enormes, muy pesados, por el sentido que infunden a un lugar. Hoy en día, en toda Europa, los ayuntamientos se esmeran en proteger su historia, pero sin pensar a fondo en el potencial de lo que están conservando. Al patrimonio se le pueden dar nuevos significados que enlacen con el momento actual. Associates Architecture aprovechó un hueco en las fortificaciones del Revellín para crear una gran puerta verde que ampliaba su significado histórico, al tiempo que las situaba en un nuevo contexto. Justo delante de la catedral, Gregor Schneider creó una experiencia de oscuridad llena de referencias a la religión y el ritual. Estos proyectos investigan el papel de los símbolos — sea cual sea su origen: la historia local, la memoria colectiva o la mitología urbana— en la formación de la identidad de un lugar. Algunas intervenciones resaltan un patrimonio oculto, o que no es tenido en cuenta, y al hacerlo sacan a relucir las sucesivas capas de significado que se han ido enquistando en la ciudad. El patrimonio es lo que explica las ciudades, y en la actualidad está cambiando. Además de explicárselo a la gente, tenemos que dejar que reflexione sobre ello desde varios enfoques.

MATTEO GHIDONI + ENRICO DUSI

A Dome

A Dome is located in the main square, Plaza del Mercado, in front of the cathedral of Santa Maria de La Redonda.
A Dome aims to establish a relationship with the architecture of the church. Its volume adapts to the central niche of the facade. Its proportions are derived rather than invented.
A Dome is monumental but through simple means. It is temporarily monumental.
A Dome activates a 40-square-meter area of public space, providing a small area of shade and a feeling of wonder.
A Dome is open to hosting civic rituals.

La cúpula

La cúpula se ubica en la plaza del Mercado, la principal de la ciudad, frente a la concatedral de Santa María de la Redonda.
La cúpula busca relacionarse con la arquitectura de la iglesia. Su volumen se ajusta al nicho central de la fachada. Sus proporciones no son inventadas, sino encontradas.
La cúpula es monumental con medios sencillos. Es temporalmente monumental.
La cúpula activa una porción de 40 m² de espacio público, aportando algo de sombra, y una sensación de asombro.
La cúpula está abierta a acoger rituales cívicos.

ANNA & EUGENI BACH

Sticks & Stones

In the middle of the Calado de San Gregorio, a strange device appeared. At first sight, it looks like a wooden wall that blocks off and occupies the entire barrel-vaulted space. It is clearly an external element; it is made of plywood, and the presence of wooden props suggests that it is somewhat unstable, and probably temporary. It looks light and removable, both because of its shape and construction and because of the material it is made of.

Close up, one discovers that the wooden wall allows passage. It has been moved to one side so people can cross to the other side. There is a curtain that has to be moved aside to be able to enter, and suddenly the space changes completely. The ashlars, the stone, the vault, and the fretwork all become something else; a light, festive, ephemeral, and tectonic space.

Sticks & Stones

En medio del calado de San Gregorio ha aparecido un artefacto extraño. Se trata, a simple vista, de una pared de madera que bloquea el paso y ocupa todo el espacio cubierto con bóveda de cañón. Es claramente un elemento externo; está hecho con madera de contrachapado, y la presencia de unas tornapuntas indica que es un poco inestable, y probablemente temporal. Parece ligero y desmontable, tanto por su forma y construcción como por el material del que está hecho.

De cerca se descubre que la pared de madera no es infranqueable. Ha sido desplazada hacia un lateral para poder cruzar al otro lado. Hay una cortina que hay que apartar para poder entrar. De repente el espacio cambia por completo. Los sillares, la piedra, la bóveda, el calado, todo se convierte en otra cosa; un espacio ligero, festivo, efímero y tectónico.

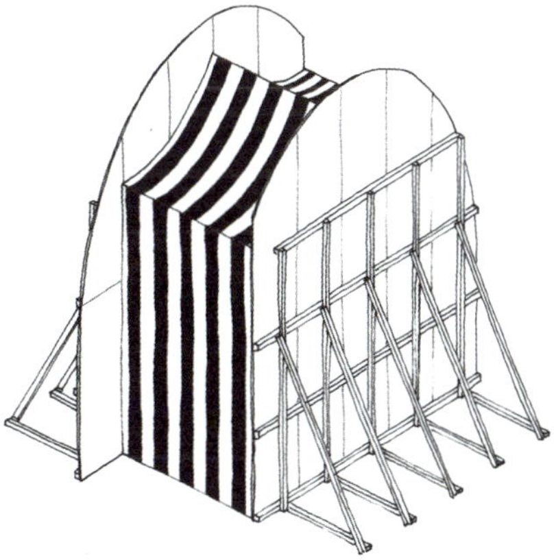

KOGAA

Aerial Circus

Aerial Circus is an itinerant installation that explores the underused potential of empty urban spaces and their often inadequate and barren substitute functions, such as parking facilities. It reactivates these locations by providing a stage for events and a place to hang out or rest.

The lower part of *Aerial Circus* works both as a structural element for the upper inflatable ring, and as an amphitheater with seating for events. The four-meter-high inflatable is a canvas for projections and a light source in the evening, as well as a provider of shade on hot days.

By lowering the entrance height to only 1.5 meters, visitors have to stoop to enter. Once inside, they can experience being surrounded by the infinity of the pure, white circle.

Circo aéreo

Circo aéreo es una instalación itinerante que explora el potencial infrautilizado de los espacios urbanos vacíos y sus funciones alternativas, a menudo inadecuadas y estériles, como los aparcamientos. Reactiva esos lugares proporcionando un escenario para eventos y un lugar donde pasar el rato o descansar.

Además de servir como soporte estructural para el anillo inflable superior, la parte inferior de *Circo aéreo* funciona como un anfiteatro con asientos para eventos. El inflable de cuatro metros de altura es una lona para proyecciones, una fuente de luz nocturna y un proveedor de sombra para días calurosos.

Al haberse reducido la altura del acceso a solo 1,5 metros, los visitantes tienen que agacharse para entrar. De este modo, una vez dentro, el usuario puede sentirse rodeado por la forma pura e infinita del círculo blanco.

ART

CÁSSIO SAUER + ELISA T. MARTINS [SAUERMARTINS] + MAURICIO MÉNDEZ

Concéntrico Pavilion

The two geometric forms of the *Concéntrico Pavilion* complement each other. The circle represents the quintessential meeting point, creating a new space of centrality with the tree in the middle. The circular element doesn't touch the ground, but rises and floats above the square. For its part, the bar intercepts and supports the circle, generating an opening and serving as a large vertical surface for exhibitions and festival signage.

Thanks to its scale, the pavilion shelters and welcomes visitors as a starting point for the festival's itineraries and activities, simultaneously providing a backdrop for presentations, gatherings, and talks. It also serves as an atrium leading to the various surrounding buildings.

The fragile yet imposing expression of the pavilion is a sign of transformation, and of powerful and ephemeral movement. It is also a manifestation of the constant proposition of contrasts: instability and equilibrium, contemporary and historical, the wall that limits and the circle that receives, the space that is both interior and exterior, open and closed.

Pabellón Concéntrico

Las dos formas geométricas del *Pabellón Concéntrico* se complementan. El círculo aparece como punto de encuentro por antonomasia, configurando un nuevo espacio de centralidad, con el árbol en medio. El elemento circular no toca el suelo, sino que se eleva y flota sobre la plaza. La barra, por su parte, intercepta y soporta el círculo, generando una apertura, y sirve como gran superficie vertical para exposiciones y señalización del festival.

La escala del pabellón posibilita abrigar y recibir al público como punto de partida de los recorridos y las actividades del festival, y se ofrece como soporte para presentaciones, encuentros o charlas. También funciona como un atrio de acceso a los distintos edificios del entorno.

La expresión frágil y a la vez monumental del pabellón es una señal de transformación y de movimiento poderoso y efímero. Es también una manifestación de la constante propuesta de contrastes: la inestabilidad y el equilibrio, lo contemporáneo y lo histórico, el muro que limita y el círculo que recibe, el espacio a la vez interior y exterior, lo abierto y lo cerrado.

LANZA ATELIER

1973—2021

In November 1973, a team headed by the architect Rafael Moneo defined the project that would become Logroño City Hall. Weeks later, the then prime minister, Luis Carrero Blanco, was killed in an attack by ETA. In the midst of a turbulent atmosphere of social upheaval, Moneo's project exemplifies the "idea of a public, civic building, capable of responding to the questions that the city's inhabitants ask themselves about collective life as a 'public thing'".

1973—2021 turns our gaze toward this place of encounter, permeability, and democracy in a turbulent year. In March 2021, to prevent demonstrators protesting against gender-based violence, the National Palace in Mexico City's Zocalo was surrounded by a wall. In a country where attacks on women claim more than ten lives a day, the nation's most emblematic square was censored.

The installation is comprised of three circles made of exposed red brick with the height of a bench. The circles restrict passage under the arcades, creating a flow of people through the center of the square.

1973—2021

En noviembre de 1973, un equipo encabezado por el arquitecto Rafael Moneo definió el proyecto del futuro Ayuntamiento de Logroño. Semanas después, el entonces presidente del Gobierno de España, Luis Carrero Blanco, murió en un atentado de ETA. En un ambiente turbulento de agitación social, el proyecto de Moneo ejemplificaba la «idea de edificio ciudadano, público, capaz de responder a las preguntas que sobre la vida colectiva en cuanto que "cosa pública" se formulen los habitantes de la ciudad».

1973—2021 dirige nuestra mirada hacia ese lugar de encuentro, permeabilidad y democracia en otro año turbulento. En marzo de 2021, el Palacio Nacional situado en el Zócalo de la Ciudad de México se rodeó de una muralla para protegerse de las manifestantes que protestaban contra la violencia de género. En un país donde los atentados contra las mujeres se cobran más de diez vidas al día, la plaza más emblemática de la nación quedaba censurada.

La instalación se compone de tres círculos de ladrillo rojo visto con la altura de un banco. Los círculos exprimen los pasos bajo los soportales, propiciando un flujo de personas por el centro de la plaza.

ASSOCIATES ARCHITECTURE

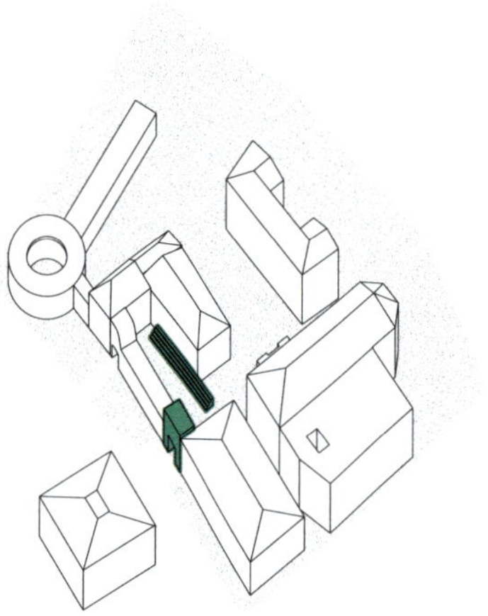

Extra-Ordinary Gate

Extra-Ordinary Gate is located in one of the most historically significant sites of Logroño: where Calle Marqués de San Nicolás, which is part of the famous Camino de Santiago, meets the defensive walls that used to surround and protect the city. Here, a wide gap interrupts the continuity of the walls to allow for the passage of cars and pedestrians.
Extra-Ordinary Gate evokes the idea of a repair to the city walls. The addition of a threshold element emphasizes the action of physical passage through it. The gate, made of green painted wood, recalls the temporary portals that used to be built in Logroño during the Fiesta de San Bernabé, as well as the shape of the nearby Revellín gate. It therefore seeks not only a historical relationship with the city and the collective memory of its inhabitants, but also a morphological and material one.

The small square that currently exists is an unresolved place of passage where people never pause. The insertion of temporary seating has transformed the square into an open-air theater where people can sit and watch performances and plays, as well as the world going by. The intervention operates on the basis of a dialogue between two elements, one that invites you to enter and the other that invites you to stay.

Puerta Extra-Ordinaria

El proyecto ocupa uno de los lugares de mayor peso histórico en Logroño, el punto en que la calle Marqués de San Nicolás, parte del Camino de Santiago, se encuentra con las murallas defensivas que rodeaban y protegían la ciudad. Aquí, una importante brecha rompe la continuidad de las murallas para garantizar el paso de coches y peatones. *Puerta Extra-Ordinaria* sugiere un posible remate de las murallas de la ciudad. La adición de un elemento umbral enfatiza la acción del paso físico. La puerta, realizada en madera pintada de verde, recuerda la imagen de los arcos temporales construidos en Logroño para las fiestas de San Bernabé, así como la forma de la cercana puerta del Revellín, buscando así una relación no solo histórica, sino también morfológica y material con la ciudad y la memoria colectiva de sus habitantes.

La pequeña plaza existente hoy en día es un lugar de paso no resuelto, donde la gente no se detiene. A través de la inserción de una grada temporal, la plaza se transforma en un teatro al aire libre donde detenerse a ver espectáculos y obras de teatro, u observar la vida cotidiana. La intervención se basa en el diálogo entre dos elementos: uno que invita a entrar y otro que invita a quedarse.

LEBREL [FERNANDO ABELLANAS]

Hidden City

Since childhood, many of us are drawn to the idea of a cabin, a small space that protects us and isolates us from the outside world. Places as simple as the inside of a closet or the underside of a table are enough to make us dream of being inside a castle. Over time, those who have never given up their appetite for "conquering" these small places might begin to widen their search by looking outside the home. In the suburbs, this might mean finding a tree or bush; in cities, it might mean seeking shelter in holes, tunnels, or buildings.

Motivated by the idyllic figure of the vagabond in children's films as the ultimate example of freedom, *Hidden City* draws inspiration from places which, despite being located in the heart of the city, manage to remain hidden from it, like the large metal structure that hides behind billboards. Its parallel boards reveal the itinerary step by step, and focus on the sensations that arise from the moment we occupy a space.

Ciudad oculta

Desde pequeños, muchos sentimos especial interés por la idea de cabaña, un pequeño espacio que nos protege y aísla del entorno. Lugares tan sencillos como el interior de un armario o los bajos de una mesa son suficientes para hacernos soñar que estamos dentro de un castillo. Con el tiempo, quienes no han renunciado al ansia de «conquistar» estos pequeños lugares quizá amplíen su búsqueda fuera del hogar. En el extrarradio, puede traducirse en encontrar un árbol, o un matorral; en las ciudades, en buscar refugio en huecos, túneles o construcciones.

Motivada por la idílica figura del vagabundo en el cine infantil, máximo ejemplo de libertad, *Ciudad oculta* se inspira en lugares que, a pesar de estar situados en pleno centro de la ciudad, consiguen permanecer ocultos de ella, como la gran estructura de metal que se esconde tras un cartel publicitario. Sus tableros dispuestos paralelamente revelan paso a paso el recorrido, centrándose en las sensaciones que surgen desde que ocupamos un espacio.

MUOTO + GEORGI STANISHEV

The Wall

The Wall is located in a historical site of the city where Calle Marqués de San Nicolás, a segment of the Camino de Santiago, meets an ancient defensive wall that used to surround the city. Their encounter is marked by a small rectangular plaza with a missing side that is regularly crossed by pilgrims. The installation closes this plaza in order to create an urban shelter, a room without a roof, where pilgrims can pause for a while and rest in the shade.

The installation raises the question of how to build a temporary wall. The authors elected to construct the wall as a pile of cinder block and wooden pallets. Its overall composition is inspired by the typical storage of cinder blocks in cement factories. This layered construction emphasizes the temporariness of the installation as much as it ensures stability of the wall itself. In order to lighten the structure, one side of the wall is hollow, with braced wooden crosses replacing the cinder blocks. A platform recreates a horizontal surface that absorbs the slope of the existing paved ground and provides seating for visitors. The position of the wall in its urban context also provides the installation with a theater-like dimension, as the inverted T-shape structure may be perceived as a stage for actors and performers.

La muralla

La muralla se sitúa en un lugar histórico de la ciudad: el encuentro de la calle Marqués de San Nicolás, un tramo del Camino de Santiago, con una antigua muralla defensiva que rodeaba la ciudad. Esta confluencia está marcada por una pequeña plaza rectangular a la que le falta un lado, y que es cruzada habitualmente por los peregrinos. El objetivo de la instalación es cerrar dicha plaza para crear una estancia urbana, una habitación sin techo donde los peregrinos puedan instalarse temporalmente y descansar a la sombra.

La instalación plantea la pregunta de cómo construir un muro temporal. Se optó por construir el muro como una pila de bloques de hormigón y palés de madera. La composición general se inspira en el típico almacenamiento de bloques de hormigón en las fábricas de cemento. Esta construcción en capas subraya la temporalidad de la instalación, al tiempo que garantiza la estabilidad del propio muro. Para aligerar la estructura, un lado del muro está hueco, con cruces de madera arriostradas que sustituyen los bloques de hormigón. La plataforma recrea una superficie horizontal que absorbe la pendiente del suelo pavimentado existente, y ofrece asientos a los visitantes. La posición del muro en su contexto urbano también otorga a la instalación una dimensión teatral, ya que la estructura en forma de T invertida puede percibirse como un escenario para actores e intérpretes.

GUILLERMO SANTOMÀ

Restoration of the Cloister of Santa María de Palacio

Restoration of the Cloister at the Church of Santa María de Palacio seeks to fictionally complete the renovations carried out by architect Gerardo Cuadra from 1988 to 1996. The cloister is a largely Classicist work by Juan de la Riva that adopted different designs until 1609. Juan de Acha built the original fountain around 1550. It was dismantled in 1701 by José Raón and José González de la Jartada as part of the reinforcement work on the pillars behind the crossing and its transverse arch to prevent the collapse of the steeple. Discovered by Gerardo Cuadra, it has been rebuilt based on sketches dated 1701, before its demolition. The cloister has therefore regained the centerpiece that had been lost for over two hundred years.

Restauración del claustro de Santa María de Palacio

Restauración del claustro de Santa María de Palacio busca completar ficticiamente la rehabilitación llevada a cabo por el arquitecto Gerardo Cuadra entre 1988 y 1996. El claustro, obra en su mayor parte clasicista, sigue trazas distintas, con intervención hasta 1609 de Juan de la Riva. Cabe destacar la recuperación de la fuente, construida originalmente por Juan de Acha hacia 1550 y desmontada en 1701 por José Raón y José González de la Jartada debido a las obras de refuerzo en los pilares posteriores del crucero y su arco toral ante amenaza de ruina de la aguja. Encontrada por Gerardo Cuadra, se ha reconstruido según dibujos fechados en 1701, antes de su demolición, devolviendo así al claustro su centro perdido durante más de dos siglos.

PARADIGMA ARIADNÉ

St. Bartholomew's Hut

St. Bartholomew's Hut is located next to the church of San Bartolomé in Logroño. The story of St. Bartholomew and his tragic demise question the relation between the "body" of buildings and their surface or "skin." As a martyr who was skinned alive, St. Bartholomew is most often depicted without his skin, or his skin is pictured on its own. *St. Bartholomew's Hut* therefore emphasizes the exterior of the building—its "skin."

Another phenomenon defining the installation is the information-bearing capacity of buildings. Prior to the invention of printing, buildings—and especially the walls of churches—were the main medium through which the general public could discover the most notable written work of the time: the Bible. In Arab culture, to this day, sacred texts are used as decorative elements on building walls.

The installation consists of wooden frames that are used in the manufacturing process of leather-based parchment, in which a piece of leather has text printed on it and is stretched. In this way, the surface of the building becomes a bearer of information with the same importance as the building's form.

Cabaña de San Bartolomé

La instalación se encuentra junto a la iglesia de San Bartolomé de Logroño. La historia de san Bartolomé, y el trágico final de su vida, cuestionan la relación entre el «cuerpo» de los edificios y su superficie o «piel». Al haber consistido su martirio en ser desollado vivo, es frecuente representar a san Bartolomé sin su piel, o representar solo esta última. Del mismo modo, *Cabaña de San Bartolomé* pone el acento en el exterior del edificio, su «piel».

Otro fenómeno que define la instalación es la capacidad que tienen los edificios dc transportar información. Antes de la invención de la imprenta, los edificios, y en especial los muros de las iglesias, eran el principal soporte que ponía en contacto a la gente con la obra escrita más notable de la época, la Biblia. También en la cultura árabe se han usado, y siguen usándose, textos sagrados para ornamentar paredes de edificios.

La instalación consiste en marcos de madera, usados en la fabricación de pergaminos a base de cuero, en los que se tensan trozos de cuero con textos impresos. De este modo, la superficie del edificio adquiere la misma importancia que su forma como portadora de información.

La luz brilla a través de las hojas del plátano hasta la galería; las masas de pequeñas manchas de luz se funden en el dibujo de las frías baldosas de cemento. Las escaleras que conducen hasta aquí ralentizan al visitante: incluso aquellos que al entrar en la puerta seguían pensando en plazos, listas y obligaciones se dan cuenta de este juego de luces. Al llegar a la parte superior de la escalera, sólo se necesitan unos pocos pasos más para llegar a la entrada, y esta distancia es suficiente para un cambio completo de ritmo: al entrar en el apartamento, el visitante es guiado por manchas de luz que se perfilan a su espalda – donde incluso se contemplan las patas de las arañas que tejen telas en la esquina.
Three windows and the gable face the street with child-like asymmetry – reminiscent of someone who cannot yet draw a straight line. The roof extends further on the right side, with a break in its pitch above the outermost window, softening the angle. The door is on that side, in the garden. The walls on the street front are always clean; the grains of sand in the mortar glisten and sparkle in the sunlight. It is a low house, by the way. The windowsill starts at waist height; you could have a clear view inside if it weren't for the evergreen bushes in the axis of each window and in between – five in all. The pavement is between the bushes and the house. every day, before dark, the blinds are carefully lowered, with firm, strong pulls.
Al perder el camino mientras buscaba el famoso volcán de lodo entre Székelykeresztúr y Fiatfalva, pedí ayuda a dos personas que se dirigían a casa desde los campos. "Por supuesto", dijo uno de ellos. "Dirígete a esa pequeña cabaña, no mucho más allá verás un antiguo peral silvestre. Gira a la izquierda y verás el volcán..." "¡Espera! Ese árbol fue cortado el año pasado", interrumpió el otro con inquietud. "Es cierto. Pues bien, se llega a la cabaña, y un poco más allá, donde estaba el viejo peral silvestre, se gira a la izquierda..."
The church opposite is always reflected in it. The church is tall and the building is long – yet the whole of it appears in the reflection at all times. It's made of heavy, dark brown glass, comprised of regular squares, held together by steel frames. Both materials are precise and rigid, yet the sight of the church undulates and flows on their surface, shimmering at every joint. The rhythm of the façade only alters at the entrance. Three double doors come one after another. The thin but solid glass doors have plate-sized dark copper handles. The parts touched frequently are shiny; golden. heavy drapes hang behind the doors.
It has huge windows, all around, high up above. Around the windows, frames were made from plaster – not the ornamental kind, rather simple raised ones with a small ornament on top. The windowsill is made of a worn, dented sheet of metal – many elbows must have leant on it. Under the windowsill, the rough coating of the wall is dirtier than elsewhere; next to it to the right and to the left, the rain washes the wall clean every time. Yet this difference is no longer apparent one metre below, where the wall is monochrome once again. The roof extends well beyond the house; a column of second year children standing in pairs would fit underneath it without getting soaked.

DAVIDE MARCHETTI + NOUMENA

Anotherview

Anotherview celebrates the plaza by providing passersby with the opportunity to see the space from an entirely new and unexpected point of view. The tower-like pavilion hosts a virtual reality experience designed and developed by Noumena. Called *Rutas*, it acts as a "virtual periscope." Visitors access the pavilion by entering a small narrow corridor facing the square. As the virtual tool artificially elevates their point of view, they might begin to develop a unique and deeply personal relationship with Logroño's collage of old and new.

Beyond simply providing a new point of view, the tower recalls notions of Logroño's history as a fortified city. Openings and decorative elements on the facade reference historic geometries, translating them into a sculptural pattern that modulates the light streaming in, while also letting visitors look out into the plaza while they are inside. *Anotherview* ultimately centers on giving visitors a new, elevated perspective of the square and surroundings, as well as a new personal experience of the history of Logroño.

Otravisión

Otravisión celebra la plaza dando la oportunidad a los viandantes de ver el espacio desde una perspectiva completamente nueva e inesperada. El pabellón, similar a una torre, alberga una experiencia de realidad virtual diseñada y desarrollada por Noumena que, con el nombre de *Rutas*, funciona como un «periscopio virtual». Los visitantes acceden al pabellón por un pequeño y estrecho pasillo que da a la plaza, y, dado que la herramienta virtual eleva artificialmente su punto de vista, es posible que empiecen a formarse una relación única y profundamente personal con Logroño en tanto que *collage* de lo antiguo y lo nuevo.

Más allá de la mera aportación de un nuevo punto de vista, la torre hace pensar en la historia de Logroño como ciudad fortificada. Las aberturas y ornamentos de la fachada remiten a geometrías históricas y las traducen en un patrón escultórico que modula la entrada de luz, a la vez que permiten a los visitantes asomarse a la plaza desde el interior. En última instancia, *Otravisión* se centra en brindar al visitante una perspectiva nueva y elevada de la plaza y sus inmediaciones, junto con una experiencia nueva y personal de la historia de Logroño.

PALMA + HANGHAR

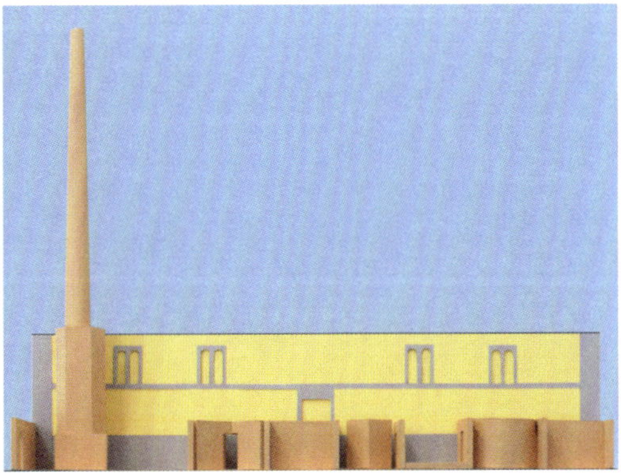

Types of Spaces

Types of Spaces is located in the passageway of the old tobacco factory of La Rioja, a narrow and elongated urban space that is filled by a monumental red brick chimney. The intervention highlights the site as a built space by consolidating the facades and restoring the original unity to the factory as a whole. The interior is articulated through the concatenation of a series of 3.6-meter-square rooms. These form a spatial procession of domestic corridors and rooms, reconstructing the void of the passageway.

The rooms, open to the sky, explore various spatial possibilities through their emphatic planimetric geometries. Their domestic scale—so alien in the public space of the city—transforms the visitor into an inhabitant, opening up the possibility of a more meaningful interaction with the installation. The interior rooms provide those who pass through them with an unexpected experience, thus returning the inhabitant to an exterior condition and reminding them of the public nature of the intervention.

Tipos de espacios

Tipos de espacios se ubica en el pasaje de la antigua Fábrica de Tabacos de La Rioja, un espacio urbano estrecho y alargado, colmatado por una monumental chimenea de ladrillo rojo. La intervención subraya su carácter de espacio construido, consolidando las fachadas y otorgando al conjunto de la tabacalera su unidad original. El interior se articula a través de la concatenación de una serie de estancias cuadradas de 3,6 × 3,6 m que conforman una procesión espacial de pasillos y habitaciones de carácter doméstico, reconstruyendo el vacío del pasaje.

Las habitaciones, abiertas al cielo, exploran diversas posibilidades espaciales a través de unas geometrías rotundas en planta. En virtud de su escala doméstica, tan ajena al espacio público de la ciudad, quien las ocupa pasa de ser un visitante a un habitante, y se le abre la posibilidad de interactuar más profundamente con la instalación. Las estancias interiores sorprenden a quien las atraviesa con una experiencia atmosférica, que devuelve al habitante a una condición exterior que le recuerda el carácter público de la intervención.

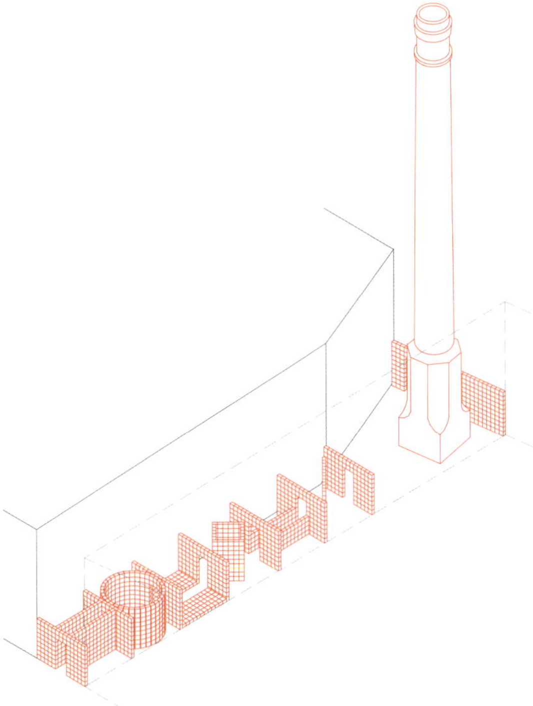

GREGOR SCHNEIDER

Kreuzweg (The Way of the Cross)

Kreuzweg (The Way of the Cross) is a darkened black passageway in the shape of a cross. The cross-shaped structure has four openings, one at each of its ends, through which viewers can enter and exit. The structure's cross shape can only be fully appreciated from an aerial, God-like point of view. Upon entering the passageway, viewers immediately lose their perception of the structure's form. The dark and completely black interior also blurs their perception of their own body, which melts into the formless darkness. Simultaneously, this eliminates the distinction between their own outer/physical and inner/psychological space, between a share public space and a private personal space.

Obviously enough, *Kreuzweg* bears a direct reference to the Crucifixion of Jesus Christ. Rather than merely formal or iconographic, the reference to the Crucifixion is experiential, staging the work as a rite of passage, a liminal phase in which human subjects walking through it are severed from their identities and from everyday concepts of time and place to be born again and reemerge in a world of a higher order.

Kreuzweg (El camino de la cruz)

Kreuzweg (El camino de la cruz) es un pasadizo negro y sin luz cuya estructura cruciforme tiene cuatro aberturas, una en cada extremo, por las que el espectador puede entrar y salir. La forma de cruz de la estructura sólo puede apreciarse desde una perspectiva aérea, como la de Dios. Al entrar en el pasadizo, el espectador deja de percibir el contorno formal de la estructura. Además, lo negro del interior, y su falta absoluta de iluminación, difuminan los límites del cuerpo del espectador, que se funde en una oscuridad indefinida. Se anula así también la distinción entre el espacio exterior/físico y el interior/psicológico de la persona, entre un espacio público compartido y un espacio privado personal.

Como es obvio, *Kreuzweg* remite directamente a la Crucifixión de Jesucristo. No se trata solo de una referencia formal o iconográfica, sino de algo vivencial que escenifica la obra como un rito de paso, una fase liminal en la que las personas que la recorren se ven separadas de sus identidades, y de los conceptos cotidianos de tiempo y espacio, para renacer y resurgir en un mundo de índole superior.

Ephemerality is a strategy to introduce new ideas to the public. All cities have common infrastructure, like benches, fountains, sidewalks. These all respond to certain needs, but there are other needs that are not often addressed in public space. We need other elements that allow us to share and relate to one another in other ways. When we organize festivities, we introduce those uses with small elements, like stages to put on a concert or a big table for giant collective meals. People use public space in this way all over the world. Why are those elements that allow people to use the city in different ways only provided for sporadic moments? They introduce social needs and desires. They stimulate the imagination of what a city can be. And once these uses, these potentials are revealed, they can never be forgotten.

TEMPORARY BUT SOCIAL

TEMPORAL PERO SOCIAL

3

Lo efímero es una estrategia para dar a conocer nuevas ideas al público. Todas las ciudades tienen en común una serie de infraestructuras que responden a necesidades concretas, como los bancos, las fuentes o el pavimento, pero hay otras necesidades que pocas veces se atienden en el espacio público. Necesitamos otros elementos que nos abran a distintos tipos de intercambios y de relaciones entre las personas. En las festividades, estos usos se traducen en pequeños elementos como el escenario de un concierto, o una gran mesa para un ágape gigante y colectivo. Este tipo de uso del espacio público se encuentra en todo el mundo. ¿Por qué es tan breve, siempre, la presencia de estos elementos que permiten usar la ciudad de otra manera? Incorporan necesidades y deseos sociales de la población, y abren la imaginación a lo que puede ser una ciudad. Una vez revelados estos usos, estos potenciales, ya no es posible olvidarlos.

PICADO DE BLAS

The Centipede

The Centipede consists of one long piece made up of several hinged parts. Though it doesn't visually affect the urban landscape, it actively interferes in the plaza's usual foot traffic. The smooth, sinuous, table-height, horizontal, meandering line speaks to the boundaries of the plaza.

The plaza is thus transformed into a space of spontaneity. It is where something will take place, or where something has taken place. Anything that can happen at a table could happen here.

As in the fable of the centipede and the spider, in which the spider asks the centipede how they walk with so many legs, and the centipede never walks again, perhaps it is better to simply "act" than to stop and think.

El ciempiés

El ciempiés consiste en una larga pieza hecha de partes articuladas. Aunque no afecta visualmente al paisaje urbano, interfiere activamente en la circulación habitual de los peatones por la plaza. Su suave y sinuosa línea horizontal, que merodea a la altura de una mesa, nos habla de los límites de la plaza.

De este modo, la plaza se convierte en un espacio de espontaneidad, donde va a ocurrir o ha ocurrido algo. Todo lo que pueda suceder sobre una mesa podría suceder aquí.

Como en la fábula del ciempiés y la araña, en la que la segunda le pregunta al primero cómo puede caminar con tantas patas, y a partir de entonces el ciempiés ya no se mueve nunca más, tal vez sea mejor limitarse a «actuar» que pararse a pensar.

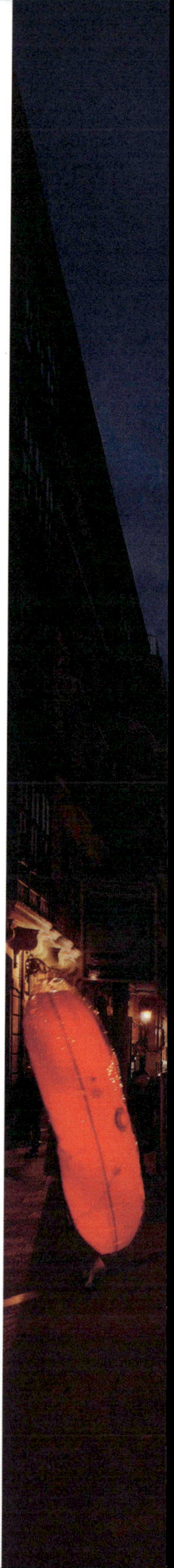

TOOLS FOR ACTION

Signals 1.0

Eighty-five portable inflatable light sculptures are ready to be activated. With these tools on your back, it is possible to send signals, to explore new forms of assembly and communication, while walking in the city.

Signals 1.0 invites everyone to take part in a collective experiment, to use the act of walking to experience the city and to revisit its memories. Places don't disappear; they reappear through our memories. Places can also function as localized memories.

The nighttime walks were summarized in a final presentation. The duration and destination of each walk were decided by the participants.

Señales 1.0

Hay ochenta y cinco esculturas de luz inflables portátiles, listas para su activación. Estos dispositivos, llevados en la espalda, permiten caminar por la ciudad enviando señales y explorando nuevas maneras de reunirse y de comunicarse.

Señales 1.0 invita a todo el mundo a participar en un experimento colectivo donde el hecho de caminar sirve para experimentar la ciudad y repasar su memoria. Los lugares no desaparecen. Reaparecen a través de nuestros recuerdos. Los lugares también pueden funcionar como recuerdos localizados.

Las caminatas nocturnas se sintetizaron en una presentación final. La duración y destino de cada caminata la decidían los participantes.

21·37

MJÖLK

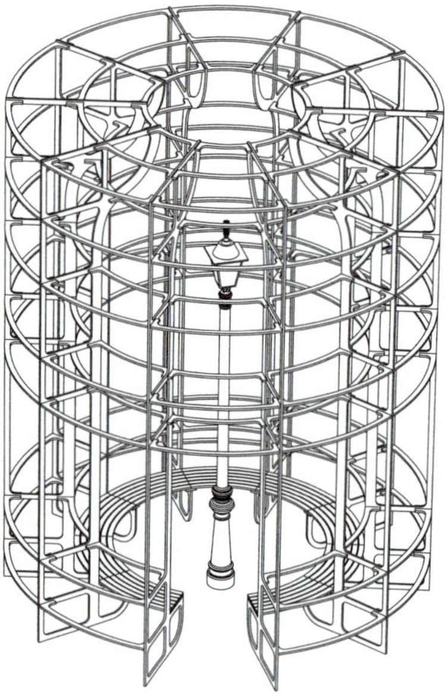

Lantern

Plaza de Santa Ana is surrounded by new buildings, and by the stone wall of an old church. There are many pieces of urban furniture, such as benches, playground equipment, trash cans, and lampposts. When night falls and the lampposts turn on, the atmosphere in the square changes. Darkness hides the details and people turn into silhouettes. Colors dim. *Lantern* surrounds one of the lampposts and creates a meeting space. The installation winds around the lamppost like a spider's web, casting shadows or, during the day, creating shade. There are many lampposts in Plaza de Santa Ana, but only one of them is special, thanks to this intervention.

Lantern

La plaza de Santa Ana está bordeada de edificios nuevos, y por la pared de piedra de una vieja iglesia. El mobiliario urbano es abundante: bancos, juegos infantiles, papeleras, farolas... Al anochecer, cuando se encienden las farolas, la atmósfera de la plaza cambia. La oscuridad oculta los detalles, y la gente se convierte en siluetas. Los colores se atenúan. *Lantern* rodea una de estas farolas, creando un espacio de encuentro. La instalación se ciñe como una telaraña a la farola, proyectando sombras o, durante el día, protegiendo del sol. En la plaza de Santa Ana hay muchas farolas, pero solo una se convierte en especial con esta intervención.

44 FLAVOURS

A Topographic-Landscape-Painted

Painters, skaters, and graffiti artists tend to discover places differently. They observe their surroundings in a unique way: every corner is a potential spot, an inspiration, or something that leads to a new idea. As someone who's into painting, skateboarding, and graffiti, you look for niches and read the surfaces of buildings. Each surface is an opportunity to reimagine or redefine the urban landscape.

We so often see urban areas that have been abandoned, or that aren't cared for very well. *A Topographic-Landscape-Painted* tries to give something back to Logroño, to bring life back to this place. With the power of color, we can broadcast the idea that this place is more than just a parking lot.

Paisaje topográfico pintado

Los pintores, los skaters o los grafiteros no suelen descubrir los sitios como el resto de la gente. Tienen una manera propia de observar el entorno, viendo cada rincón como un *skate spot* en potencia, una inspiración o el punto de partida de una idea nueva. Quien practica la pintura, el monopatín o el grafiti va buscándose un hueco, leyendo las superficies de los edificios. Cada superficie es una oportunidad para reimaginar y redefinir el paisaje urbano.

Son tantas las zonas urbanas que vemos sumidas en el abandono, o no muy bien cuidadas... *Paisaje topográfico pintado* intenta devolver algo a Logroño y restituir la vida a este espacio. Gracias al poder del color podemos transmitir la idea de que este lugar es algo más que un simple aparcamiento.

JAVIER DULÍN

02 + 04 = Alexander Platz

Plaza de San Bartolomé is a place to pass through, but it is not inhabited or enjoyed. It doesn't generate a city. *02 + 04 = Alexander Platz* is an abrupt intervention, as if it had fallen from the sky. The main axis of its stage and tiered seating is oriented toward the tower of the church of San Bartolomé. The mirror is inclined so that it reflects the tower and serves as a backdrop for spontaneous performances. It is called Alexander Platz, with that double reading of agora and a wink to Christopher Alexander. It's about making a city. Let's hope it succeeds.

02 + 04 = Alexander Platz

La plaza de San Bartolomé es un lugar de paso, pero no se habita ni se disfruta; en sí misma, no genera ciudad. *02 + 04 = Alexander Platz* es una intervención brusca, como caída del cielo. El eje principal de su escenario y su patio de butacas escalonado se orienta hacia la torre de la iglesia de San Bartolomé. El espejo está inclinado para reflejar la torre y servir como telón de fondo para actuaciones espontáneas. Su nombre es Alexander Platz, con la doble lectura de ágora y de guiño a Christopher Alexander. Se trata de hacer ciudad. Ojalá se consiga.

Portales
48

PATRICIA RAMOS + MIRIAM ALONSO + PAULA MENA

Amanita Muscaria

Amanita Muscaria is inspired by the geometry of mushrooms. The circular pavilion is full of textures and colors. Flat pieces are combined to create a dome with an interior volume that is different from the exterior. Its radial geometry produces a play of light and shadow, creating a space full of magic and promoting interaction between residents and visitors. Its oculus invites visitors to look toward the sky and remember that nature also exists in the city.

The composition consists of four circles set up as a geometric problem. A secant line crosses the information and relaxation area, a tangent to the existing tree pit, ending as a rope.

Just like the charming tradition of picking mushrooms in the forest, the pavilion is intended to be the starting point to search for and discover the architecture of the city.

Amanita muscaria

Amanita muscaria se inspira en la geometría de la seta. El pabellón circular abunda en texturas y colores. La combinación de piezas planas genera una cúpula con un volumen interior distinto al exterior. Su geometría radial produce un juego de luces y sombras, creando un espacio lleno de magia y fomentando la interacción de los vecinos y los visitantes. Su óculo invita al visitante a dirigir la vista al cielo y recordar que en la ciudad también existe la naturaleza.

La composición consiste en cuatro círculos dispuestos como un problema geométrico. A ello se añade una línea secante que después de atravesar la zona de información y disfrute, y de ser tangente al alcorque existente, termina como una cuerda.

Al igual que la bonita tradición de buscar setas por el bosque, el pabellón pretende ser el punto de partida para buscar y descubrir la arquitectura de la ciudad.

Ayuntamiento
de Logroño
Municipal de Comercio

ESDIR [CLARA ALONSO + MARTA BASTERRA + MIKEL AGUERREA]

Immersive

Immersive invites knowledge and curiosity. Submerged below the horizon line lies a space for the most intrepid, encouraging people to explore the environment from a different point of view and to participate in the transmission of new ideas.

Inmersivo

Inmersivo invita al conocimiento y la curiosidad. Por debajo de la línea del horizonte se abre un espacio para los más intrépidos, a los que insta a explorar el ambiente desde un punto de vista distinto y a participar en la transmisión de nuevas ideas.

FAHR 012.3

The Leaf

Woodwork has been transformed by technological development and prefabrication. As a result, wood is hardly used as raw material today, but more as leafs or sheets. This idea of a "leaf" serves as inspiration for a space of meeting, convergence, sharing, and fun. It also creates a material connection between the past and present by way of the material, where the present is also a reflection on the versatility of public space as a space for all. *The Leaf* is intended to be used spontaneously, without associated rules or codes. It is a democratic stage for appropriation.

La hoja

La carpintería ha sido transformada por el desarrollo tecnológico y la prefabricación. La consecuencia es que hoy en día, más que usarse en bruto, la madera se emplea en forma de hojas o de láminas. Esta idea de «hoja» ha inspirado un espacio de reunión, convergencia, intercambio y diversion, y a partir de ella se establece asimismo una relación material entre el pasado y el presente, donde la actualidad es también un reflejo de la versatilidad del espacio público como espacio para todos. *La hoja* está destinada a un uso espontáneo, sin reglas ni códigos asociados. Es un escenario democrático de apropiación.

CIEN
AÑOS

PIOVENEFABI

Half Void Full Moon

Half Void Full Moon is a three-kilometer-long path leaving the city center of Logroño and winding through the nearby countryside. A series of large flags mark the road up to Mount Cantabria and a natural terrace overlooking the Ebro River and the city. Looking at this terrace from above, some perfect circles appear in the sand, possible traces of drifting cars. A simple act formalizes this destination, giving it the form of a shared inclined platform. A wooden amphitheater supports personal experiences as collective ones. Its size allows distance, while its shape assures collectivity. A simple roof provides shelter from the weather, a way of inhabiting the nature that surrounds Logroño.

Medio vacío, luna llena

Medio vacío, luna llena es un camino de tres kilómetros que sale del centro de Logroño y serpentea por los campos aledaños. Una serie de grandes banderolas marca el camino hasta la cima del monte Cantabria, una terraza natural que domina el río Ebro y la ciudad. En una vista aérea de esta terraza aparecen círculos perfectos en la arena, posiblemente huellas de coches sin rumbo. Un simple acto formaliza este destino, dándole la forma de una plataforma inclinada compartida, un anfiteatro de madera que sustenta experiencias tanto personales como colectivas. Su tamaño permite la distancia, a la vez que su forma es garantía de colectividad. Un sencillo techo protege de las inclemencias, una forma de habitar la naturaleza que rodea Logroño.

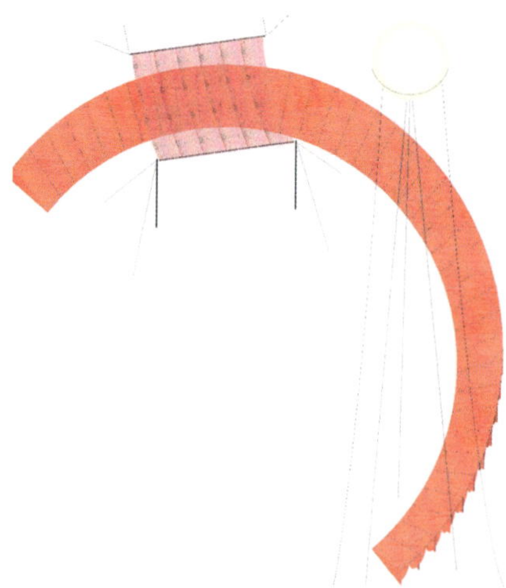

POOL IS COOL + DALLAS

Siluroño

Siluroño is not about the fish or fishing; it's about stories that shape citizens' ideas of public space and the city. These stories are often nothing more than prejudices, urban myths that someone heard. However, they strongly determine how people think about their environment, and impact their habits.

The *siluro* ("catfish"), which is mostly depicted as a monster that eats everything (but that nobody has ever seen), plays an important role in shaping the image that citizens of Logroño have of the Ebro River. The *siluro* is therefore both an animal and a symbol, which can be used to rethink the image of the river.

The pavilion is activated with the mythical fish as a center-point, shifting from being a kitchen to a screen, a stage, a temple, or a beach. The structure was built with reclaimed panels from *Half Void Full Moon,* with the aim of cutting them as little as possible. Instead, existing shapes were used to create new ones.

Siluroño

Siluroño no va del pez, ni de la pesca, sino de las historias que dan forma a las ideas de los ciudadanos sobre el espacio público y la ciudad; ideas que a menudo no son más que prejuicios, mitos urbanos oídos por alguien, pero que a pesar de todo determinan lo que piensa la gente de su entorno, e inciden en sus hábitos.

El siluro, presentado casi siempre como un monstruo que se lo come todo (y que nunca ha visto nadie), desempeña un papel importante en la imagen que se forman los logroñeses del río Ebro. En este sentido, el siluro es a la vez un animal y un símbolo, que puede ser usado para repensar la imagen del río.

El pabellón se activa en torno al mítico pez, y va cambiando de forma: cocina, pantalla, escenario, templo, playa... La estructura se confeccionó reciclando paneles de *Medio vacío, luna llena* con el propósito de recortarlos lo menos posible. Se aprovecharon formas preexistentes para crear otra nuevas.

4

What does it mean to work with people to address their needs? How can they be introduced to ideas and possibilities that may distance them from their realm of familiarity? Concéntrico opens itself to people, thinking with them from the concept to the real thing. Izaskun Chinchilla created a survey that invited people to think about chairs. But the chairs were a way to think about the context where they live, how they use public spaces, and what the cities where they live mean to them. Many installations are designed to be coproduced with communities, inviting residents, designers, and visitors to actively participate in creating and using public space. Some projects even encourage participants to build their own furniture and take it home, emphasizing that the process and the meaning generated are more significant than the end product.

By prioritizing shared authorship, open access, and codesign, Concéntrico challenges hierarchical approaches to urban planning, demonstrating how cooperation can lead to more inclusive, responsive, and dynamic cities that reflect the needs and creativity of their inhabitants.

4

¿Qué significa trabajar con la gente para dar respuesta a sus necesidades? ¿Cómo se les pueden presentar a las personas ideas y posibilidades que las distancien de lo que les es más familiar? Concéntrico se abre a la gente y piensa con ella desde el concepto hasta la realidad. Izaskun Chinchilla puso en marcha una encuesta que invitaba a pensar sobre las sillas, pero estas eran una forma de pensar en el contexto donde vive la gente, en cómo usa los espacios públicos y en qué significado da a las ciudades donde reside. Muchas instalaciones están pensadas para ser coproducidas con las comunidades, invitando a vecinos, diseñadores y visitantes a participar activamente en la creación y el uso del espacio público. Algunos proyectos llegan incluso a alentar a los participantes a fabricarse sus propios muebles y llevárselos a casa, haciendo así hincapié en que el proceso y el significado que se generan son más importantes que el producto final.

Primando la autoría, el acceso abierto y el codiseño, Concéntrico cuestiona los enfoques jerárquicos de la planificación urbana y demuestra que a través de la cooperación se pueden conseguir ciudades más inclusivas, receptivas y dinámicas, que reflejen las necesidades y la creatividad de quienes las habitan.

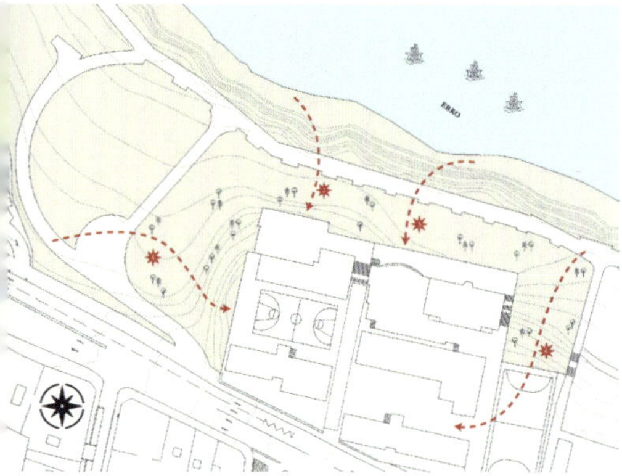

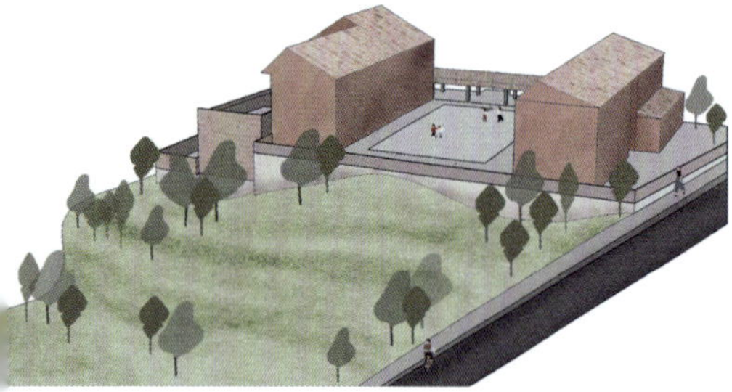

RECETAS URBANAS

The Rebellion of the Crazy Army

This new "Crazy Army," made up of the students and teaching staff of the IES Batalla de Clavijo, plans to "take" the school, studying and understanding the relationship between the buildings that make it up and its immediate surroundings. The educational center is made permeable and reconnected with public space by constructing prototypes that allow for the "assault" to take place from different flanks.

These collective constructions were coordinated by technicians, teachers, and advisors, who collaborated in the process and assembly. Young teenagers therefore not only become the main actors, but also propose alternative ways of using public spaces.

The designs of the different elements evoke stories of mobile towers, Trojan horses, walkways, stairs, steps, zip lines, and tunnels. The material was all reused after the end of the festival, and the proposals that students developed for public space were put into a catalog of suggestions for possible actions by public administrations.

La rebelión del Crazy Army

Este nuevo «Crazy Army», compuesto por el alumnado y el profesorado del IES Batalla de Clavijo, se planteó hacer una «toma» del instituto, estudiando y entendiendo la relación de los edificios que lo conforman con el entorno inmediato. El centro educativo se vuelve permeable y se reconecta con el espacio público mediante la construcción de prototipos que permiten el «asalto» por distintos flancos.

Estas construcciones colectivas fueron coordinadas por técnicos, profesores y asesores que colaboraron en el proceso y el montaje. De este modo, los adolescentes no solo se convierten en actores principales, sino que plantean formas alternativas de usar los espacios públicos.

Los diseños de los distintos elementos evocan historias de torres móviles, caballos de Troya, pasarelas, escaleras, peldaños, tirolinas y túneles. Todos los materiales se reutilizaron al término del festival, y las propuestas desarrolladas por el alumnado para el espacio público fueron incorporadas a un catálogo de sugerencias para posibles actuaciones por parte de las administraciones públicas.

AC/DC

COLECTIVO Y COOPERATIVO

HERRMANN + COUFAL

Lea

DIY is about sharing knowledge of how to build things through instruction manuals. By making something ourselves, we not only create "the thing," but also a relationship with it. *Lea* begins with a workshop, where participants build their own bench or table according to a specific design. What they make is then incorporated into a final composition. And when the festival ends, they can come back and take the piece of furniture they made and use it at home. The most important element of design is not the final object, but the process of creation.

Lea

El bricolaje consiste en compartir conocimientos sobre cómo hacer cosas a través de manuales de instrucciones. Quien confecciona algo por sí mismo no se limita a crear «la cosa», sino que también establece una relación con ella. *Lea* parte de un taller cuyos participantes se hacen su propio banco o mesa siguiendo un diseño específico. Los resultados son incorporados a una composición final. Al término del festival pueden volver a recoger el mueble que confeccionaron y usarlo en sus casas. El elemento más importante del diseño no es el objeto final, sino el proceso de creación.

JAKUB SZCZĘSNY

Stool Tower

Some might say it's a representation of how badly we distribute goods in our societies. Another might interpret it as an architect's childish yet unfulfilled dream of building a skyscraper. Someone else might see it as a reference to Luis Barragan's towers at Ciudad Satélite. But *Stool Tower* is none of the above. It's just a stack of fancily designed plywood stools. The tower marks a hidden courtyard at the end of a narrow street. And at the end of the festival, the tower was dismantled and people who were present could take the stools home as a reminder. Ideally, memories of the festival come back every time someone sits on the stool, trying to find the best position, and thinking, "Couldn't they have added some cushioning?!"

Taburete Tower

Habrá quien diga que es una representación de lo mal que repartimos los bienes en nuestras sociedades, y quien lo interprete como un sueño de arquitecto, el sueño infantil, pero incumplido, de construir un rascacielos. Otros podrán verlo como una referencia a las torres de Luis Barragán en Ciudad Satélite. Sin embargo, *Taburete Tower* no es ninguna de esas cosas. Solo es un amontonamiento de taburetes de diseño elegante, hechos de madera contrachapada. La torre señala un patio escondido al fondo de una calle estrecha. Al término del festival se desmontó, y los presentes pudieron llevarse los taburetes a manera de recuerdo. En el mejor de los casos, cada vez que alguien se siente en ellos, buscando la mejor postura, se acordará del festival, pensando: «¡¿No podrían haberlo acolchado?!»

SI TU DIOS ES
JAPONÉS, TU PIZZA ES ITALIANA,
ES ARGELINO, TU CAFÉ ES
TUS VACACIONES SON
TUS CIFRAS SON ÁRABES, TUS
SON LATINAS...
¿CÓMO TE ATREVES A DECIR QUE
TU VECINO ES EXTRANJERO?

175

IZASKUN CHINCHILLA

100 Chairs and 3 Urban Lounges

100 Chairs is the result of an open process in which one hundred citizens of Logroño designed their own chair. Along the way, they reflected on what our cities are like and what they should be to guarantee more sustainable and accessible public spaces.

Logroño would benefit enormously from having folding chairs in some of its public spaces that would allow citizens to rest wherever they want. It would also allow them to decide how best to use the furniture: which way to look, whether to sit under a tree, how many people they want to talk to, etc. This custom of sitting on individual chairs in public spaces has existed in Spain and in the towns of La Rioja since ancient times. Public spaces should once again have free seating areas, where people can meet without having to drink or pay.

3 Urban Lounges are structures designed to occupy urban spaces previously used by cars when cities implement low-emission areas. The lounges are conceived as convivial spaces, inspired by the domestic sphere, which will allow people to make use of public space, meet and converse, without consuming or paying for any service.

The aim of the lounges is to ensure that the freeing up of public space is used for civic purposes and not used exclusively by hotel and catering industries. These spaces also play an important role in supporting biodiversity in the city. The lounges aim to associate spaces of public enjoyment with actions of care for other species and for our environment.

100 sillas y 3 salones urbanos

100 sillas es el resultado de un proceso abierto en el que cien ciudadanas y ciudadanos de Logroño diseñaron su propia silla, y al hacerlo reflexionaron sobre cómo son nuestras ciudades y cómo deberían ser para garantizar espacios públicos más sostenibles y accesibles.

Logroño se beneficiaría enormemente de contar en algunos de sus espacios públicos con sillas plegables que permitieran a las ciudadanas y ciudadanos descansar donde quisieran. Así también podrían decidir cuál es el mejor uso del mobiliario: hacia dónde mirar, si sentarse debajo de un árbol, con cuántas personas conversar, etc. Esta costumbre de sentarse en el espacio público en sillas individuales tiene una larga tradición en España y en los pueblos de La Rioja. Los espacios públicos deberían volver a contar con áreas gratuitas en las que sentarse y reunirse sin la obligación de beber o pagar.

Los *3 salones urbanos* son estructuras pensadas para ocupar espacios urbanos destinados previamente a los coches cuando las ciudades implementen áreas de bajas emisiones. Los salones se plantean como espacios de convivencia, inspirados en el ámbito doméstico, que permitirán a la población hacer uso del espacio público, encontrarse y conversar sin consumir o pagar por ningún servicio.

El objetivo de los salones es garantizar que la liberación de espacio público se haga con fines cívicos, no para su uso exclusivo por la hostelería. Estos espacios también desempeñan un papel importante en el fomento de la biodiversidad urbana. Su objetivo es asociar espacios de disfrute público con acciones enfocadas al cuidado de otras especies y de nuestro entorno.

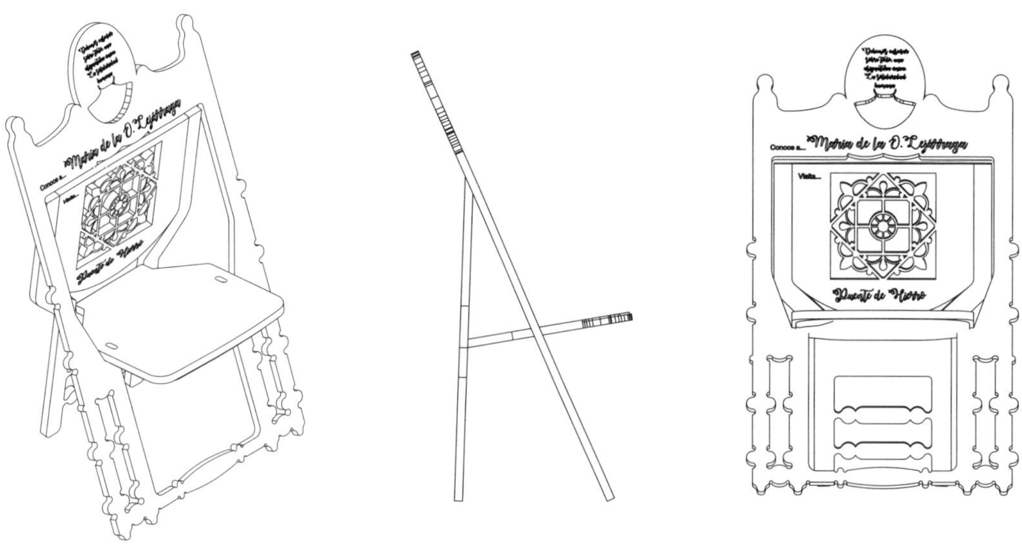

ALEI VERSPOOR

PackBags

Textiles have been saved from the previous nine editions of the festival. To celebrate its tenth edition, these fabrics were repurposed into something new.

PackBags is a bag and accessory line that addresses overconsumption through playful design. The design system is as simple as it is rigid. One hundred different modules provide all anyone needs to design anything and pack everything. During various workshops, ten years of fabrics and rope that have been used during the festival were repurposed, turning them into phone bags, tote bags, and cross-body bags. This allows visitors to carry a small part of the history of the festival and the city of Logroño with them every day, all while contributing to a circular economy.

PackBags

Para celebrar la décima edición del festival se reaprovecharon las telas que quedaban de las nueve anteriores para crear algo nuevo.

PackBags es una línea de bolsos y accesorios que aborda el consumo excesivo a través de un diseño lúdico. El sistema de diseño es tan sencillo como rígido: cien módulos que proporcionan todo lo necesario para diseñar lo que se quiera y guardar cualquier cosa. Durante distintos talleres se reutilizaron telas y cuerdas usadas en el festival durante diez años, convirtiéndolas en estuches para móviles, bolsas y bandoleras. Así los visitantes pueden llevar encima cada día una pequeña parte de la historia del festival, y de la ciudad de Logroño, contribuyendo al mismo tiempo a una economía circular.

elna

DARYAN KNOBLAUCH

Scenius 26003

Scenius 26003 is a critique of conventional city planning. It uses a ten-year time frame to learn from the streets of Logroño in order to strengthen and nurture what can already be found *in situ*. By studying, evaluating, and analyzing the street through conversations with locals, experts, and cultural producers, *Scenius 26003* proposes an open process that is both iterative and incomplete by design. It stands in favor of giving a voice to a young team channeling contemporary movements into experiments that nurture an open-source platform that strives for deep-rooted mechanisms of care, change, and diversity.

The continuous textile of the *Megaphone* defines a meeting point under which local and external voices are heard, amplified, and connected.

Scenius 26003

Scenius 26003 es una crítica al urbanismo convencional. Utiliza un marco temporal de diez años para aprender de las calles de Logroño y reforzar y cuidar lo que ya puede encontrarse *in situ*. Mediante el estudio, la evaluación y el análisis de la calle a través de conversaciones con vecinos, expertos y productores culturales, *Scenius 26003* propone un proceso abierto que es a la vez iterativo y voluntariamente incompleto. Aboga por dar voz a un equipo joven que crea experimentos a partir de los movimientos contemporáneos y los difunde en una plataforma de código abierto cuyo objetivo es luchar por mecanismos profundamente arraigados de cuidado, cambio y diversidad.

El tejido continuo del *Megáfono* define un punto de encuentro bajo el que se escuchan, amplifican y conectan voces locales y externas.

HOLLMAN REUTER SANDMAN ARCHITECTS

Birdhouses

The Glorieta del Doctor Zubía park is a small urban oasis in the center of Logroño. *Birdhouses* emphasizes nature's presence in the city center and enriches its biodiversity by introducing birdhouses.

With the help of a local ornithologist association, five different bird species and bats were identified that would potentially enjoy the environment of this park: the Eurasian scops owl (*Otus scops*), the great tit (*Parus major*), the black redstart (*Phoenicurus ochruros*), the white wagtail (*Motacilla alba*), the Eurasian blue tit (*Cyanistes caeruleus*) and bats (*Vespertilio*).

The *Birdhouses* have been designed to accommodate the habitation requirements of each of these species. Nevertheless, it cannot be guaranteed that these particular birds will move into these particular houses. So, many types of houses are offered for each type of bird.

The houses are built out of recycled plywood. The ornament of the houses reflects the impressive stone paving surrounding the trees in the park.

Casas para pájaros

El parque de la Glorieta del Doctor Zubía es un pequeño oasis urbano en el centro de Logroño. *Casas para pájaros* enfatiza la presencia de la naturaleza en el centro de la ciudad, y enriquece su biodiversidad mediante la introducción de pajareras.

Con la ayuda de una asociación local de ornitólogos, se identificaron cinco especies de aves y murciélagos que podían encontrarse a gusto en este parque: el autillo euroasiático (*Otus scops*), el carbonero común (*Parus major*), el colirrojo tizón (*Phoenicurus ochruros*), la lavandera blanca (*Motacilla alba*), el herrerillo común (*Cyanistes caeruleus*) y los murciélagos (*Vespertilio*).

Las *Casas para pájaros* están diseñadas para adecuarse a los requisitos de habitabilidad de cada una de estas especies. Aun así, no hay garantías de que sean estas aves en concreto las que se instalen en las casas. Por eso se ofrecen varios tipos de casa para cada tipo de ave.

Las casas están construidas con madera contrachapada reciclada. Su decoración se inspira en el magnífico pavimento de piedra que rodea los árboles del parque.

OUTPOST OFFICE

Public Utilities

Public Utilities is a large-scale public drawing exploring the spatial potential of mark-making. It utilized GPS-controlled painting robots, as well as techniques of measuring, delineating, and marking to investigate architecture as the dynamic application of spatial instructions. The marks made are water-soluble, non-toxic, and temporary, eschewing the waste often associated with temporary architecture.

Public Utilities is inspired by modest utility markings on building sites. Often applied in bright, fluorescent colors, these preparatory markings indicate boundaries and provide instructions to workers. As instructions, these markings are usually indecipherable to passersby, but to the trained eye they denote construction limits, survey markings, and utilities like power lines, gas, and communications.

Public Utilities activated multiple public spaces, including Plaza Primero de Mayo and two local schools, with dynamic inscriptions that suggest new programs and patterns of use. They suggest new organizations and pathways, but their precise use is open to civic interpretation.

Servicios públicos

Servicios públicos es un dibujo público a gran escala que investiga las posibilidades espaciales de las marcas. El uso de robots pintores controlados por GPS, y de técnicas de medición, delineación y marcado, permite investigar la arquitectura como aplicación dinámica de indicaciones espaciales. Las marcas que se realizaron eran solubles en agua, no tóxicas y temporales. Así se evitaba el despilfarro tan a menudo vinculado a la arquitectura temporal.

Servicios públicos se inspira en las humildes marcas que hacen los constructores en las obras. Estas marcas preliminares, realizadas a menudo con colores vivos y fluorescentes, señalan límites y dan indicaciones a los obreros. Como instrucciones suelen ser indescifrables para el transeúnte, pero el ojo avezado sabe que designan límites de construcción, mediciones e instalaciones como las de electricidad, gas o comunicaciones.

Servicios públicos activa un gran número de espacios públicos, entre ellos la plaza Primero de Mayo, y dos centros educativos con inscripciones dinámicas que proponen nuevos programas y patrones de uso. Aunque sugieran nuevas organizaciones y caminos, su uso exacto está abierto a la interpretación cívica.

JI ARQUITECTOS + BLAS ANTÓN

Furrows Notebook

Furrows Notebook creates a "visual landscape" on the natural lines drawn by the vineyards: furrows. It is a reinterpretation of the natural landscape, which is placed back on top of it.

The interpretations are those of children. Concéntrico launched a drawing competition for infant, primary, and special education schools to draw flowers, suns, clouds, lightning, rainbows, birds... From these, a handful of drawings were selected, blown up, and made in wood to "fly over" the vineyards.

Once the festival finished, the wooden pieces of the installation were dismantled and converted into swings and games distributed throughout Logroño's playgrounds. This closes the circle: those who were the creators of the drawings will now be the users.

Cuaderno de surcos

Cuaderno de surcos crea un «paisaje visual» sobre los renglones naturales que dibujan los viñedos: surcos. Es una reinterpretación del paisaje natural, al que posteriormente se reincorpora.

Los autores de estas interpretaciones son niños. Concéntrico convocó un concurso de dibujo para centros escolares de Infantil, Primaria y Educación Especial, consistente en dibujar flores, soles, nubes, rayos, arcoíris, pájaros... Entre todos los dibujos se eligieron unos cuantos que se agrandaron y confeccionaron en madera para «sobrevolar» los viñedos.

Una vez terminado el festival, las piezas de madera de la instalación fueron desmontadas y convertidas en columpios y juegos repartidos por los parques infantiles de Logroño. Se cerraba así el círculo: los creadores de los dibujos serían ahora sus usuarios.

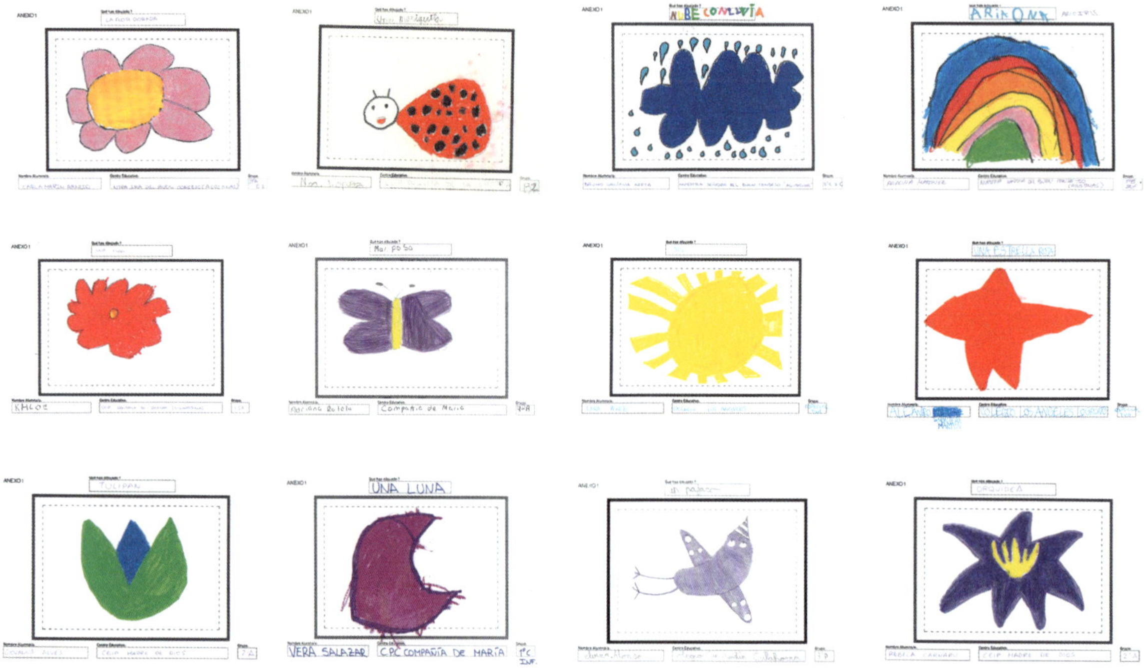
ANEXO 1
UNA LUNA
VERA SALAZAR
C.P.C COMPAÑÍA DE MARÍA

JLG LIFT

HYPEREDEN + FRANTOIO SOCIALE

Cantiere Aperto: A Collective Practice

Cantiere Aperto promotes the construction of urban artifacts by demolishing and transforming waste materials. It encourages collaborative activity and gives local communities the opportunity to create public space, expressing their needs and dreams.

It is carried out with the active participation—both in the design and construction phases—of a community of young skateboarders. It is located on the Paseo del Espolón, an urban space in the center of the city where skating is frequent and the collective experience of public space has been consolidated. The intervention consists of designing and building a series of elements that expand the activities of the skater community that is already there.

Cantiere aperto: una práctica urbana colectiva

Cantiere aperto promueve la construcción de artefactos urbanos a través de la demolición y la transformación de materiales de desecho. Incentiva las acciones colaborativas y permite a las comunidades locales actuar sobre el espacio público, expresando sus necesidades y sus sueños.

Se llevó a cabo con la participación activa, tanto en la fase de diseño como en la de construcción, de una comunidad de jóvenes skaters. El Paseo del Espolón es un espacio urbano en pleno centro donde se ha consolidado la práctica del skating y el uso colectivo del espacio público. La intervención consistió en diseñar y construir elementos que ampliasen las actividades de la comunidad de skaters ya presente en la plaza.

OGIE
5
OGIA

Our cities are not just inhabited by humans. The Ebro River runs right through Logroño but can be easily forgotten. Rintala Eggertsson Architects created a space of privacy and contemplation along its banks, showing us that we are always closer to nature than we might believe. But still, in many other places, we could use more environmental thinking. Quentin Gérard, Guillaume Deman, Elisabeth Terrisse de Botton, and Matthieu Brasebin reminded us that we can simply pour water over bricks to create coolness in overheated urban environments. Similarly, Barkow Leibinger added shade in public space, while Javier García added over fifty trees to a small square. By bringing ecological awareness into architectural experimentation, Concéntrico encourages a shift toward more sustainable, adaptive, and regenerative urban spaces, demonstrating how cities can function as interconnected systems that support both human and non-human life. Our cities are made of hard materials: stone, concrete, asphalt. How can we make these spaces more forgiving, more inhabitable?

5

En nuestras ciudades no viven solo personas. El río Ebro atraviesa Logroño, pero resulta fácil olvidarse de él. En sus orillas, Rintala Eggertsson Architects crearon un remanso de intimidad y contemplación que nos hizo ver que siempre estamos más cerca de la naturaleza de lo que podríamos pensar, pero hay muchos otros sitios a los que les convendría un enfoque más atento al medio ambiente. Quentin Gérard, Guillaume Deman, Elisabeth Terrisse de Botton y Matthieu Brasebin nos recordaron que en entornos urbanos sobrecalentados basta algo tan simple como remojar los ladrillos para que se refresque el aire. En esta misma línea, Barkow Leibinger añadió sombra al espacio público, mientras que Javier García incorporó más de cincuenta árboles a una pequeña plaza. Introduciendo la conciencia ecológica en la experimentación arquitectónica incentivamos el tránsito hacia espacios urbanos más sostenibles y con una mayor capacidad de adaptación y regeneración, mostrando que las ciudades pueden funcionar como sistemas interconectados que dan sustento a la vida, humana o no. Nuestras ciudades están hechas de materiales duros: piedra, cemento, asfalto... ¿Cómo podemos volver más amables y habitables estos espacios?

BENEDETTO BUFALINO

The Wooden Deck over the Cars

Continuing a line of work transforming cars into a jacuzzi, a bicycle, a pizza oven, and a ping-pong table, *The Wooden Deck over the Cars* creates public space with three vehicles parked in the Espolón.

The installation incorporates poetics by imagining a wooden terrace built directly on top of three vehicles on the street. On this atypical terrace, passersby can sit down, chat, debate, and imagine a new world.

La cubierta de madera sobre los coches

Siguiendo en la línea que ya había convertido coches en un jacuzzi, una bicicleta, un horno para pizzas y una mesa de ping-pong, *La cubierta de madera sobre los coches* crea espacio público a partir de tres vehículos aparcados en el Espolón.

La instalación recurre a lo poético al imaginar una terraza de madera directamente construida sobre tres vehículos en plena calle. En esta atípica terraza, los transeúntes pueden sentarse, conversar, debatir e imaginar un mundo nuevo.

LaLiga

KOMANDO

QUENTIN GÉRARD + GUILLAUME DEMAN + ELISABETH TERRISSE DE BOTTON + MATTHIEU BRASEBIN

Make It Rain

Make It Rain uses of the thermal properties of bricks in contact with water to cool cities in the midst of the climate crisis. With no guarantee of rain during the festival, water was gathered from the Ebro River as a collective and participatory moment.

The intervention is composed of a brick floor, a textile to protect it from the sun, and a well to store the water recovered from the river.

Like a garden, a series of watering cans are present to wet the bricks and cool the space. The courtyard thus becomes a space conditioned according to its users' needs. All elements are as unmanufactured as possible for future reuse. *Make It Rain* reinterprets methods of traditional and vernacular architecture to improve thermal comfort.

Make It Rain

Make It Rain usa las propiedades térmicas de los ladrillos en contacto con el agua para refrescar las ciudades en plena crisis climática. Al no haber garantías de que lloviese durante el festival, se hizo acopio de agua del Ebro en un momento colectivo y de participación.

La intervención está compuesta por un suelo de ladrillo, un tejido que lo protege del sol y un pozo donde almacenar el agua traída desde el río.

También hay regaderas, como en un jardín, para remojar los ladrillos y refrescar el espacio. Así el patio se convierte en un espacio adaptado a las necesidades de quienes lo usan. Se utilizan elementos con el grado mínimo de elaboración, para que puedan reutilizarse en un futuro. *Make It Rain* reinterpreta métodos de la arquitectura tradicional y vernácula para mejorar el confort térmico.

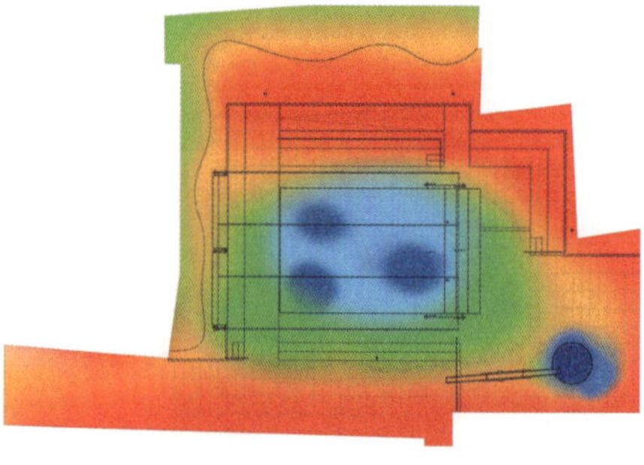

BLURAQUITECTURA

A Place, a Bench, a Tree

A place, a bench, and a tree to sit in the shade...

The intervention highlights the most significant urban spaces around the parish church of Santiago. These five locations contain five objects considered to be urban furniture. Objects that stem from a pentagon. A pentagon that is split into five parts, each of them looking for their location.

Each object, made of plywood, consists of a bench and a tree. The bench varies in height depending on its location, while the tree is of a local variety, providing shade for the bench.

It is an intervention in a single place, with local varieties of trees casting shadows that change throughout the day, with benches of different heights, in a place with a tree to sit in its shade...

Un lugar, un banco, un árbol

Un lugar, un banco y un árbol para sentarse bajo su sombra...

La intervención subraya los espacios urbanos más relevantes del entorno de la iglesia parroquial de Santiago. Estas cinco ubicaciones contienen cinco objetos entendidos como mobiliario urbano. Objetos que se generan a partir de un pentágono. Pentágono que se fracciona en cinco partes, cada una de las cuales busca su ubicación.

Cada objeto, hecho de madera contrachapada, está compuesto por un banco y un árbol. Un banco a distintas alturas en función de donde se ubica, y un árbol de una variedad de la zona, que proyecta su sombra en el banco.

Es una intervención en torno a un solo lugar, con árboles de variedades de la zona que proyectan sombras cambiantes a lo largo del día, y bancos a distintas alturas, en un lugar con un árbol para sentarse bajo su sombra...

JAVIER GARCÍA

Poplar Assembly

The *Poplar Assembly* is conceived to serve the community, to generate a useful space for the purposes of the festival, to promote construction with local materials and industry, and to renaturalize the city. The pavilion defines an urban space that serves as a point of reference and allows festival-related activities to take place. The space, based on the concept of the perimeter, is configured by the arrangement of a row of small, very slender poplar trees which, by means of their repetition along a winding route, generate a permeable wall of vegetation. Occasionally, the large wooden planters are modified to create a seat next to the trees. The main element of the pavilion is poplar, both industrialized (as poplar efficiency board) and in its natural state (tree).

Poplar Assembly

Poplar Assembly está concebido para servir a la comunidad, generar un espacio útil a los propósitos del festival, fomentar la construcción con material e industria locales y renaturalizar la ciudad. El pabellón define un espacio urbano que sirve como punto de referencia y permite llevar a cabo actividades relacionadas con el festival. Basándose en el concepto de perímetro, el espacio se configura a partir de la disposición de una hilera de chopos de pequeño tamaño, muy esbeltos, que mediante su repetición a lo largo de un trazado sinuoso generan una pared vegetal permeable. Los grandes maceteros de madera se modifican puntualmente para la creación de asientos al lado de los árboles. El elemento principal del pabellón es el chopo, tanto industrializado (tablero efficiency poplar) como en su estado natural (árbol).

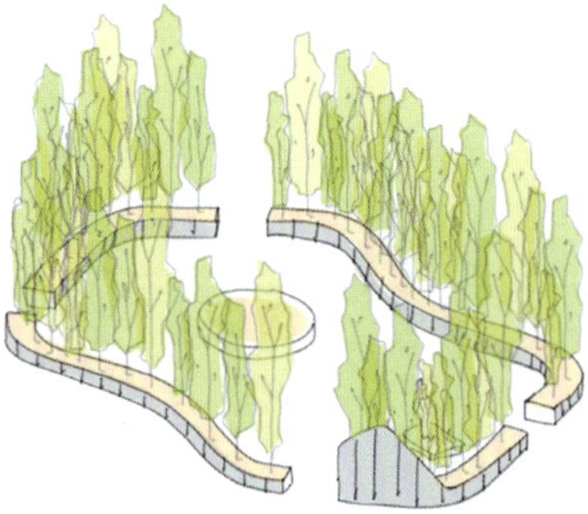

RINTALA EGGERTSSON ARCHITECTS

Hiber Space

The *Hiber Space* is located in a popular urban park on the shore of the Ebro River. The Greeks and Romans called this mighty river "Hibēr" or "Iber," which is where the name for the whole Iberian peninsula and the Iberian people comes from. Visitors are invited to enjoy the cool shade under mature, leafy trees and watch the river flow while spots of sunlight travel across the walls of the pavilion. Observing the everyday beauty and simple reality that surrounds us hopefully makes it easier for us to take better care of our surroundings. The flow of the river is a reminder of time passing and how the choices we make today influence those downstream from us. The world is interconnected, from small mountain streams high up to the depths of the sea.

Espacio Hiber

El *Espacio Hiber* se ubica a orillas del Ebro, en un concurrido parque urbano. Griegos y romanos llamaron *Hibēr* o *Iber* a este caudaloso río, nombre del que deriva el de toda la peninsula Ibérica y el pueblo íbero. Se invita a los visitantes a disfrutar del fresco a la sombra de árboles altos y frondosos, y a contemplar el discurrir del río mientras el sol crea manchas en movimiento por las paredes del pabellón. Es de esperar que la contemplación de la belleza cotidiana y la sencilla realidad que nos rodea nos ayude a cuidar mejor de nuestro entorno. La corriente del río es un recordatorio del tiempo que pasa, y de que las decisiones que tomemos hoy influirán en quienes se encuentran río abajo respecto a nosotros. Todo el mundo está interconectado, desde los pequeños arroyos de montaña hasta las profundidades del océano.

GUILLERMO TRAPIELLO

Love Me Tender

Love Me Tender is a meeting space in Plaza del Revellín that aspires to function as a micro urban nursery. The intervention proposes an experiment in the appropriation of public space and invites the residents of the square to participate in the use and care of more than one hundred and fifty aromatic plants that will grow inside it. By means of a series of stickers, each caretaker is able to mark up to five plants and collect them at the end of the intervention.

Love Me Tender

Love Me Tender es un espacio de reunión en la plaza del Revellín que aspira a funcionar como un microvivero urbano. La intervención propone un experimento de apropiación del espacio público e invita a los vecinos de la plaza a participar en el uso y el cuidado de las más de ciento cincuenta plantas aromáticas que crecen en su interior. Mediante una serie de pegatinas, cada cuidador puede marcar hasta cinco plantas y recogerlas al final de la intervención.

KOSMOS

Off-Season Pavilion

Off-Season Pavilion is a response to the resource-excessive and short-term architecture of temporary festivals. The installation reveals the hidden materials of the local agricultural industry: the so-called *jaulones de vino*, huge metal cages for the storage of wine bottles used in big *bodegas*. These storage cubes are completely full of bottles during one part of the year, but are completely empty and unused during the other, which luckily coincides with the time of the festival. *Off-Season Pavilion* shows how a playful attitude toward construction materials can create new architectural qualities and reveal the beauty of everyday infrastructure.

The pavilion, with its stepped roof, typologically resembles both an agricultural shed and a traditional basilica. Located next to the church of Santiago el Real, the pavilion offers shade and a place for gathering. Golden meshes of the cages create an intricate play of light and shadows and transform the space into a maze of dematerialized rooms.

Off-Season Pavilion

Off-Season Pavilion es una respuesta a la arquitectura de los festivales temporales, con su excesivo consumo de recursos y su enfoque a corto plazo. La instalación revela los materiales ocultos de la industria agrícola local, los «jaulones» de vino, enormes jaulas de metal usadas por las grandes bodegas para almacenar las botellas. Durante una parte del año, estos cubos están completamente llenos de botellas; el resto del año, en cambio (incluida, por suerte, la época del festival), no se usan para nada. *Off-Season Pavilion* es la demostración de que una actitud lúdica ante los materiales de construcción puede generar nuevas cualidades arquitectónicas y revelar la belleza de las infraestructuras cotidianas.

Tipológicamente, el pabellón, con su cubierta escalonada, recuerda al mismo tiempo un cobertizo agrícola y una basílica tradicional. Situado junto a la iglesia de Santiago el Real, ofrece sombra y un lugar de encuentro. La malla dorada de las jaulas genera un intrincado juego de luces y sombras que transforma el espacio en un laberinto de estancias desmaterializadas.

ROBIN FALCK

Nolla

Summer cottages or *kesämökki* are a cornerstone of Finnish culture. It is something all Finns can relate to. *Nolla* is the most sustainable Finnish summer cabin. It is a small summer cottage concept challenging the current norm. It is small, leaving the tiniest footprint, without any permanent concrete base. It uses energy from solar panels, and the kitchen runs on renewable diesel made out of waste. *Nolla* was initially built on the small island opposite downtown Helsinki, Vallisaari, and made available to rent.

Nolla

Las casitas de verano, o *kesämökki*, son uno de los pilares de la cultura finlandesa, algo con lo que cualquier finlandés puede identificarse.
En *Nolla*, la sostenibilidad de las cabañas de verano finlandesas es llevada al extremo. Se trata de un concepto de pequeña casa de verano que cuestiona la norma actual. Además de ser pequeña, deja la menor huella posible, debido a la ausencia total de plataforma de cemento. Su energía proviene de paneles solares, y su cocina se alimenta de diésel renovable elaborado con residuos. En un primer momento se construyó en Vallisaari, pequeña isla situada justo enfrente del centro de Helsinki, y se puso en alquiler.

JORGE PENADÉS

The Shack

The Shack is an architectural exercise based on a experimental construction system made out of tape. It is an installation in public space using twenty standard wooden boards. The objective was to intervene in the assigned material as minimally as possible.

Inspired by physiotherapists and how they use kinesiology tape in human muscles, this knowledge was translated and implemented into an architectural context, resulting in a temporary method of connecting different panels together.

Interested in this precise point where two very different worlds can overlap, *The Shack* proposes a squint-eyed approach to architecture. The outcome is an improvised, shanty-like space that traverses and overflows the discipline, generating an anarchic vocabulary disconnected from any preexisting reference.

La chabola

La chabola es un ejercicio arquitectónico a partir de un sistema constructivo experimental basado en la cinta adhesiva. Se trata de una instalación en el espacio público compuesta por veinte tableros de madera estándar. El objetivo era reducir al mínimo la intervención en el material asignado.

El traslado e implementación de esta técnica a un contexto arquitectónico, inspirándose en los fisioterapeutas, y en cómo utilizan la cinta de kinesiología en los músculos, dio como resultado un método temporal para interconectar paneles.

A partir del interés por ese punto exacto en el que llegan a solaparse dos mundos muy distintos, *La chabola* propone un acercamiento estrábico a la arquitectura. Fruto de ello es un espacio improvisado, chabolesco, que atraviesa y sobrepasa la disciplina, generando un vocabulario anárquico desconectado de cualquier referencia preexistente.

BARKOW LEIBINGER

Tensegrity Späti

Tensegrity is a structural concept promoted by architects and engineers such as Buckminster Fuller and Kenneth Snelson in the last century. Rigid linear elements float weightlessly in space, held in tension by steel cables or rope. Seemingly defying gravity, these structures are configurable, lightweight and in equilibrium.

The intention of *Tensegrity Späti* is to consider these structures as architecture rather than sculpture, as they have been imagined and built historically. By adding cladding/skin, circulation, and scale, these structures accumulate architectural elements that spatialize, program, and rigidify them.

The intervention, located at the entrance to the church of Santiago el Real, offers German beer and pretzels. The construction and seating elements are made of debarked wood, covered with a laser-cut textile membrane.

Tensegrity Späti

La tensegridad es un concepto estructural promovido en el siglo pasado por arquitectos e ingenieros como Buckminster Fuller o Kenneth Snelson. Consiste en elementos lineales rígidos que flotan ingrávidos en el espacio, mantenidos en tensión por cables de acero o cuerdas. Estas estructuras, que parecen contravenir la gravedad, son configurables y ligeras, y están en equilibrio.

El propósito de *Tensegrity Späti* es considerar estas estructuras como una forma de arquitectura, no de escultura, que es como han sido imaginadas y construidas a lo largo de la historia. La adición de revestimientos/pieles, circulación y escala las dota de elementos arquitectónicos que las espacializan, programan y enrigidecen.

La intervención, situada en la entrada de la iglesia de Santiago el Real, ofrece cerveza y *brezels* alemanes. Los elementos constructivos y los asientos son de madera descortezada y recubierta de una membrana textil cortada con láser.

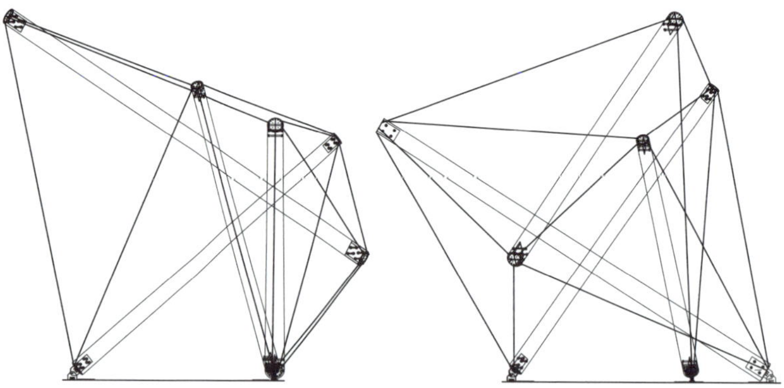

JORDI GALÍ + JÉRÉMY PAON + JULIEN QUARTIER [ARRANGEMENT PROVISOIRE]

Arches

Arches symbolically reconnects the curves of Plaza de Santiago with the old town of Logroño. The curves of this square were extended into three imaginary, almost concentric horizontal circles which then defined the curve of the installation.

Respecting and emphasizing the great length of the square, the installation is forty meters long, using three heights and tracing two soft, vertical arches. It also preserves the diaphanous nature of the space by using the panels in the simplest way possible.

A poetic, abstract, and geometric intervention, *Arches* is an immense house of cards that echoes the rhythm of the cypresses, prolonging an impossible perspective toward the rear of the church.

Arcos

Arcos vuelve a conectar simbólicamente las curvas de la plaza de Santiago con el casco antiguo de Logroño. Las curvas de esta plaza se extendieron en tres círculos horizontales imaginarios y casi concéntricos, que a su vez definieron la curva de la instalación.

Con sus cuarenta metros de longitud, la instalación, que respeta, y a la vez subraya, la gran extensión de la plaza, usa tres niveles y dibuja dos arcos suaves y verticales, además de preservar el carácter diáfano del espacio utilizando los paneles de la forma más sencilla posible.

Arcos es una intervención abstracta y geométrica, un enorme castillo de naipes que se hace eco del ritmo de los cipreses, prolongando una perspectiva imposible hacia la parte posterior de la iglesia.

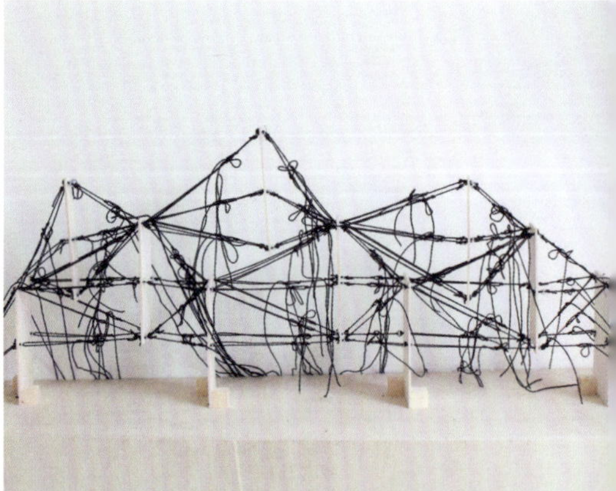

garnica

HORIZONTE

Life After

In the pandemic, we were all suddenly forced to rethink our way of living, our relationship with our communities, societies, the world, and its nature. *Life After* considers how we invite people to live in our cities again, responsibly and deliberately.

More and more, we need to pay attention to how the outdoor spaces and gardens that are part of the urban fabric are designed and planned. The installation tests practices of recycling and circularity that future human interventions must follow.The plants and pots that made up its green interior were given away to citizens, who were able to take them home and carry on the festival's legacy.

La vida después

Durante la pandemia nos vimos obligados a replantearnos bruscamente nuestro modo de vivir y nuestra relación con nuestras comunidades y nuestra sociedad, con el mundo y su naturaleza. *La vida después* es una reflexión sobre cómo invitamos a la gente a vivir en nuestras ciudades de forma responsable y voluntaria.

Necesitamos prestar cada vez más atención a cómo están diseñados y planeados los espacios al aire libre y los jardines que forman parte de la trama urbana. La instalación ensaya las prácticas de reciclaje y circularidad que deberán seguir en el futuro las intervenciones humanas. Las plantas y macetas que componían su verde interior fueron regaladas a los ciudadanos, quienes pudieron llevárselas a casa y dar continuidad al legado del festival.

VIVIAN ROTIE + PABLO SAIZ

Support Your Local Landscape

Support Your Local Landscape features a modular construction system facilitating assembly and reuse. It holds a poster that is composed of two planes; the front one highlights the typography, while the rear plane provides volume. The letters on the back, white in color, are painted with photo-luminescent paint, so that they accumulate energy throughout the day and make the intervention visible at night from any point in the landscape.

Support Your Local Landscape

Support Your Local Landscape se basa en un sistema modular de construcción que facilita su montaje y reutilización. Contiene un cartel compuesto por dos planos: el delantero, que subraya la tipografía, y el del fondo, que aporta volumen. Las letras de detrás son de colores, pero su pintura fotoluminescente les permitirá acumular energía a lo largo del día y, llegada la noche, hacer que la intervención sea visible desde cualquier punto del paisaje.

SUPPORT
YOUR LOCAL
LANDSCAPE

LAURENT MARTIN

Arbre

We build houses, buildings, towns, cities...
More and more concrete, more and more bare sidewalks, without any planting, except for a weed that we pull up or spray with herbicide, as if it has no place on the sidewalk.

We are clearing more and more land, valleys, and forests to build housing estates or enlarge our cities, full of stores, parking lots, and squares where nothing grows except in pots that imprison the roots, leaving the paving tiles to bake in the sun. We speed through cities to fulfill our obligations, walking with our heads down, looking at our feet drowned in our shoes. We waste no time in planting what could become a tree, a forest. A nature that embraces the city.

Arbre

Construimos viviendas, edificios, pueblos, ciudades...
Cada vez más hormigón, cada vez más aceras desnudas, sin nada plantado salvo las malas hierbas que arrancamos o a las que echamos herbicidas, como si no tuvieran cabida en la acera.

Despejamos cada vez más tierras, más valles y más bosques para construir urbanizaciones o ampliar nuestras ciudades, llenándolos de tiendas, aparcamientos y plazas donde lo único que crece lo hace en macetas que aprisionan sus raíces, dejando que se tuesten las baldosas al sol. Circulamos a toda prisa por la ciudad para cumplir nuestras obligaciones, con la cabeza gacha y la mirada fija en nuestros pies, ahogados en el interior de los zapatos. No perdemos tiempo en plantar lo que podría convertirse en un árbol, un bosque. Una naturaleza que abraza la ciudad.

TAKK

Picnic

In Viña Lanciano, we propose a picnic. A public space. A space for meeting up, sitting, watching, talking, drinking, and eating. The structure consists of a round bed, five meters in diameter, with an enclosure that rises to six meters to create a space in a landscape of wind, light, and views. It is a space where people can gather. A space where, through food and drink, the materials that recoat the structure and the aviaries that crown it enable us to relate with the surroundings.

Outside, these spaces are joined together by a series of braided cords which, in addition to providing stability to the entire structure, facilitate the creation of a blanket by binding together flowers and sticks that can be found in the area.

Pícnic

Proponemos un pícnic en Viña Lanciano. Un espacio público. Un espacio donde encontrarse, sentarse, mirar, hablar, beber y comer. La estructura se compone de una cama redonda de cinco metros de diámetro y un cerramiento que sube hasta los seis metros para crear un espacio en un paisaje transparente de vientos, luz y vistas. Es un espacio donde se puede reunir la gente; un espacio que a través de la comida y la bebida, los materiales con los que se recubre la estructura o las pajareras que la coronan nos permite relacionarnos con el entorno.

En el exterior, estos espacios quedan hilvanados por una serie de cuerdas trenzadas que, además de dotar de estabilidad al conjunto, permiten crear una cubrición mediante el ensamblado de flores o ramas autóctonas del lugar.

RAFAEL MONEO
THE FUNCTION OF FORM
FRANZ KAFKA

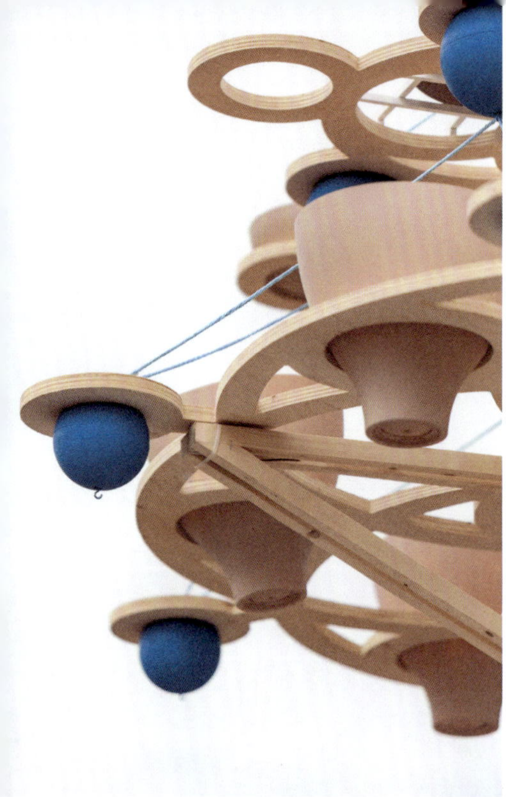

There are always many rules in cities. You can do this, but you can't do that. In Concéntrico, we try to work without rules, or at least play with the rules that are there. Why is play limited to playgrounds for children? Mecanismo created a huge curved wooden element that rocked like a giant seesaw, inviting people from all generations to sit, skate, jump, and play on it. Konstantin Grcic changed the rules of basketball, questioning what new types of play emerge. Many installations introduce elements of play, such as movable structures, responsive surfaces, or sensory experiences, inviting people to interact with their surroundings in unexpected ways. By integrating playful design into public spaces, the festival challenges rigid urban planning and promotes a more dynamic, user-centered cityscape. Play is at the core of Concéntrico. It tries to make installations that don't have clear meanings. It's not always obvious what you can do; you need to figure it out for yourself. You set the rules.

6

En las ciudades siempre hay reglas: tal cosa se puede hacer, pero tal otra no. En Concéntrico procuramos trabajar sin reglas, o al menos jugar con las que existen. ¿Por qué está limitado el juego a los parques infantiles? Mecanismo creó un enorme elemento curvo de madera que se mecía como un balancín gigante, invitando a todas las generaciones a sentarse, patinar, saltar y jugar encima de él. Konstantin Grcic cambió las reglas del baloncesto para cuestionar qué nuevos tipos de juegos podían surgir. Muchas instalaciones incorporan elementos lúdicos, como estructuras móviles, superficies reactivas o experiencias sensoriales que invitan a interactuar con el entorno de forma inesperada. Introduciendo el diseño lúdico en los espacios públicos, el festival pone en tela de juicio la planificación urbana rígida, y fomenta un paisaje urbano más dinámico y centrado en el usuario. Lo lúdico es inseparable de Concéntrico. Se intentan realizar instalaciones que no tengan un sentido claro. No siempre es evidente lo que se puede hacer. Cada uno debe averiguarlo por su cuenta. Las reglas las pones tú.

MECANISMO

Banquín

Banquín is no longer a piece of urban furniture that responds practically only to the need for rest of passersby. The intention is that the bench becomes an urban space, generating activity and social relations. *Banquín* is a meeting point.

To bring about this change, the size of the element was expanded to an urban scale. Additionally, what is usually a static element is made dynamic to become more interactive and movable.

Thus, *Banquín* is a large rocking bench. It is a dynamic and adaptable space in the city that can generate diverse situations between different users, giving rise to social relations and being a focus of activity in the area where it is located.

Banquín

Banquín ha dejado de ser una mera pieza de mobiliario urbano que prácticamente solo daba respuesta a la necesidad de descanso del viandante. La intención es que el banco pase a convertirse en un espacio urbano, generador de actividad y relaciones sociales. *Banquín* es un punto de encuentro.

Para propiciar este cambio, ampliamos el tamaño de la pieza a una escala urbana, convirtiéndola en un elemento visualmente llamativo que funcione como un espacio. Por otro lado, dotamos a este elemento estático de dinamismo, haciéndolo más interactivo y móvil.

Así surge *Banquín*, un gran banco balancín. Un espacio en la ciudad, dinámico y adaptable, que puede generar diversas situaciones entre diferentes usuarios, dando pie a relaciones sociales y siendo un foco de actividad en la zona donde se ubica.

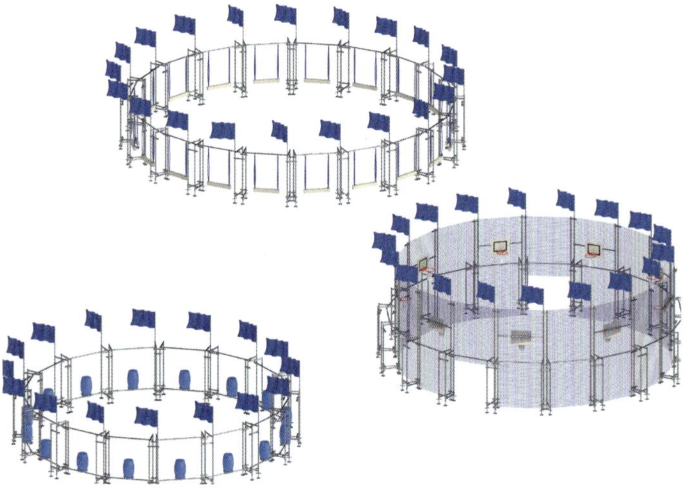

KONSTANTIN GRCIC

Arenas

Arenas consists of three circular structures that are situated at the western tip of Logroño's Parque Felipe VI. The structures are made of scaffolding elements and decorated with waving blue flags that add a touch of festivity to the site. Each "arena" is assigned to a particular activity: a round basketball court, a ring of drums, a circular array of swings. *Arenas* does not only offer itself as a place to gather and spend time together, but invites people of all ages to engage in a collective activity. To come along and play ball with friends and neighbors, to get together for a musical jam session, or to swing collectively into the sunset. The installation provides a great freedom for public appropriation.

Arenas

Arenas se compone de tres estructuras circulares en el extremo oeste del parque Felipe VI de Logroño. Las estructuras, confeccionadas con elementos de andamiaje, están decoradas con banderas azules que al ondear añaden un toque festivo al espacio. Cada «arena» está asignada a una actividad concreta: una pista de baloncesto circular, un anillo de tambores y unos columpios dispuestos en redondo. *Arenas* no se ofrece como un simple lugar de reunión, un espacio en que pasar tiempo juntos, sino que también invita a participar sin distinción de edad en actividades colectivas: jugar a la pelota con amigos y vecinos, juntarse para una *jam session* musical o columpiarse colectivamente hasta la puesta del sol. La instalación ofrece una gran libertad de apropiación pública.

MARC MORRO

Center Court

Unlike other types of sports, such as football, basketball, petanque, or ping-pong, we don't usually find tennis courts in public spaces. *Center Court* is a fleeting exercise that consists of bringing a tennis court to a public space.

To put it in context, or rather out of context, the court is located in the middle of Plaza del Ayuntamiento, surrounded by seating, and with a net across the middle. All elements are made of scaffolding, which emphasizes its ephemeral and street character. It is a space for play, meeting and decontextualization.

Pista central

A diferencia de otros tipos de deportes, como el fútbol, el baloncesto, la petanca o el ping-pong, no es habitual encontrar pistas de tenis en los espacios públicos. *Pista central* es un ejercicio pasajero consistente en llevar una pista a un espacio público.

Para situarla en un contexto, o mejor dicho fuera de él, la pista se ubica en medio de la plaza del Ayuntamiento, rodeada por unas gradas y atravesada por una red. Todos los elementos están hechos con estructura de andamio, que enfatiza su carácter efímero y callejero. Es un espacio de juego, reunión y descontextualización.

STUDIO OSSIDIANA

The Garden of Intersections

The Garden of Intersections is an inhabitable tribute to the soils of the city and its territory. It is a sequence of mineral-filled rooms, where people can play, dig, or draw on the ground itself. Each room is dedicated to a soil type, framed within a hedge-like garden wall: ferrous soils, volcanic gravel, and clay-rich substrate populate the rooms, meeting at their intersection, and producing new grounds.

Within, people can be gardeners or geographers, look for buried treasures, or just lay on loose materials under the sun, while the soils mix through daily explorations. *The Garden of Intersections* brings to the center of the city the very ground it stands on, the undomesticated matter which preceded its bricks, its portals, its walls, homes, and churches, not as a monument, but as a canvas.

El jardín de las intersecciones

El jardín de las intersecciones es un homenaje habitable a los suelos de la ciudad y su territorio. Es una secuencia de estancias llenas de minerales que ofrecen la posibilidad de jugar, excavar o dibujar en el suelo. Cada estancia está dedicada a un tipo de suelo, enmarcado en una especie de seto ajardinado: los suelos ferruginosos, la grava volcánica y el sustrato rico en arcilla que llenan las estancias se encuentran en las intersecciones de estas últimas, produciendo suelos nuevos.

El visitante puede hacer de jardinero o de geógrafo, buscar tesoros enterrados o, sencillamente, tenderse sobre materiales sueltos bajo el sol, mientras las exploraciones cotidianas van mezclando los distintos suelos. *El jardín de las intersecciones* lleva al centro de la ciudad el propio suelo en el que se sustenta, la materia no domesticada que precedió a sus ladrillos, portales, paredes, viviendas e iglesias, no como monumento, sino como lienzo.

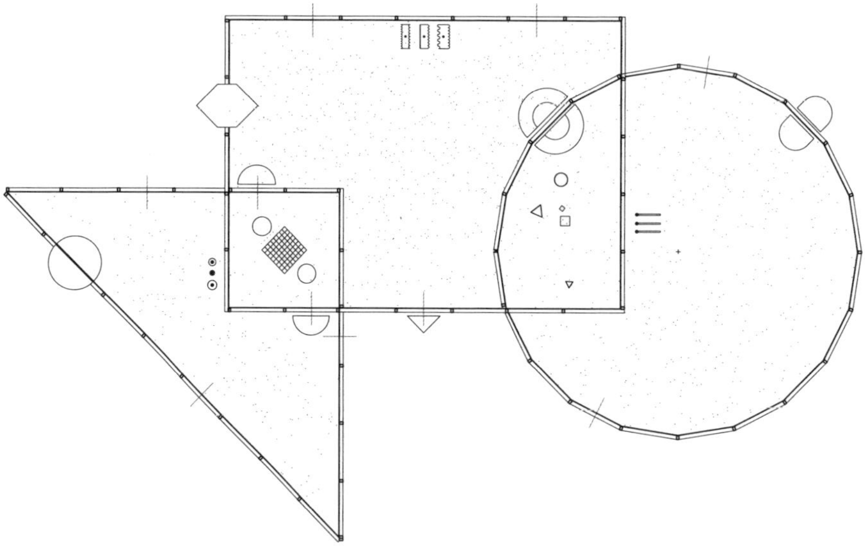

MEII ESTUDIO [ELVIRA CARRIÓN + JOSE Mª MATEO] + CLARA TORREGROSA + GABRIEL MILLÁN

PUL

PUL is the new urban pool in Logroño. It encloses a piece of the square to create a soft public space inside it, a comfortable space for leisure and pleasure.

The outdoor pool can be assembled and disassembled and is easily transportable, so that in the future it will be able to soften other squares in the city. It consists of thirty-nine wooden modules in the form of a mobile tank, each containing three yoga balls. By aggregating these modules, the pool space is delimited, leaving users to decide what uses will be developed through the spontaneous release of the yoga balls inside.

PUL

PUL es la nueva piscina urbana de Logroño. Cerca un trozo de la plaza para crear un espacio público blando en su interior, un espacio cómodo, destinado al ocio y al bienestar.

La piscina al aire libre se puede montar y desmontar, y su fácil transporte permitirá que en el futuro pueda suavizar otras plazas de la ciudad. Consiste en treinta y nueve módulos con la forma de un tanque móvil, cada uno de los cuales contiene tres pelotas de yoga. La agregación de estos módulos delimita el espacio de la piscina, dejando que sean los usuarios quienes decidan los usos que se desarrollarán a través de la puesta en movimiento espontánea de las pelotas de yoga en el interior.

La Rioja
Logroño
Municipal de Comercio

48

ARCHITECTURE UNCOMFORTABLE WORKSHOP

Uylenspiegel's Car Factory

Thyl Uylenspiegel is a folk hero who may have been based on a historical person. The character's surname may be translated literally to mean "owl glass" or "owl mirror," but metaphorically speaking, this name has been interpreted to mean "wise reflection." Playing the role of a fool, Uylenspiegel served as a mirror by which society could judge itself.

In 2022, we built Uylenspiegel's workshop and imagined him working there as a carpenter, making wooden furniture for a restaurant. *Uylenspiegel's Car Factory* takes the story one step further by imagining this character making little wooden cars.

Uylenspiegel's Car Factory is a small building that functions as a high table, where people can gather and children can play with the cars inside and all around this structure, as they celebrate the opening of this factory.

Fábrica de coches Uylenspiegel

Thyl Uylenspiegel es un héroe popular con posible origen en un personaje histórico. Su apellido se podría traducir literalmente como «cristal de búho» o «espejo de búho», pero en términos metafóricos ha sido interpretado como «reflexión sabia». Al interpretar el papel de bufón, Uylenspiegel servía de espejo para que la sociedad pudiera juzgarse a sí misma.

En 2022 construimos el taller de Uylenspiegel y nos lo imaginamos a él trabajando dentro como carpintero, confeccionando el mobiliario de un restaurante. *Fábrica de coches Uylenspiegel* da un paso más en el relato imaginando que el personaje fabrica cochecitos de madera.

Fábrica de coches Uylenspiegel es un edificio pequeño que funciona como una mesa alta en la que se puede reunir la gente, mientras los niños juegan con los coches dentro y alrededor de la estructura, celebrando la inauguración de la fábrica.

JBVA + EUGENIO NUZZO + ANATOLE POIRIER + ALEX ROUX

Palo de Mayo

In the square on Paseo del Espolón, a tree has disappeared from the grid. What happened to it? Why hasn't it been replanted? A *Palo de Mayo* ("maypole") takes its place to become the point of convergence of all the existing urban situations nearby: the freshness of the fountain at the General Espartero monument, the soundscape of the Concha, the shifting lights of the peripheral roads. The verticality and materiality of the *Palo de Mayo* is on the same scale as the city.

The intervention is an invitation to party, gather and share. It's a celebration of the city as we dream it, as we conceive it. It's an architecture around which we all converge, with no interior space or orientation. Here, the entire space of the city is an infinite pavilion.

Palo de Mayo

En la plaza del Paseo del Espolón ha desaparecido un árbol de la trama. ¿Qué ha sido de él? ¿Por qué no lo han replantado? Su lugar lo ocupa un *Palo de Mayo*, para convertirse en el punto de convergencia de todas las situaciones urbanas presentes en las inmediaciones: la frescura de la fuente del monumento al general Espartero, el paisaje sonoro de la Concha, las luces cambiantes de las calles periféricas... La verticalidad y materialidad del *Palo de Mayo* coincide en escala con la ciudad.

La intervención es una invitación a la fiesta, la reunión y el diálogo. Es una celebración de la ciudad tal como la soñamos y la concebimos. Es una arquitectura a cuyo alrededor convergemos todos, sin espacio interior ni orientación. Aquí, todo el espacio de la ciudad es un pabellón infinito.

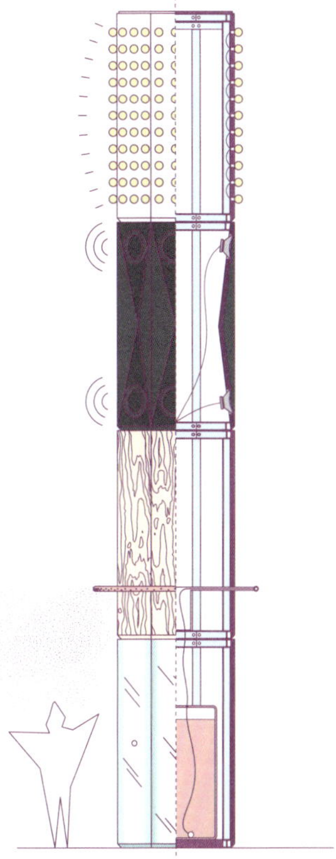

CAMP, La Leçon de Rome

CAMP, La Leçon de Rome is a poetic camp of an architectural, sculptural and performative nature. It transforms the five geometric figures from Le Corbusier's "Leçon de Rome" into tents. Located in Plaza del Mercado, they are gestures toward the political occupation that took place there not too long ago.

As a space of temporary shelter and the minimum unit of this housing complex, the tent here appears as a fictional and performative transgender device for questioning and reflection, capable of measuring real and imaginary intensities.

CAMP is a kind of poetic segregation of body and space, of the history and events of the city of Logroño in the light of past and present memory. It is a storytelling machine, of fragments and beginnings.

CAMP, La Leçon de Rome

CAMP, La Leçon de Rome es una acampada poética de tipo arquitectónico, escultórico y performativo. Las cinco figuras geométricas de las *Leçons de Rome* de Le Corbusier se convierten en tiendas plantadas en la plaza del Mercado, a manera de recordatorios de la ocupación política que se produjo hace poco en este mismo espacio.

La tienda, refugio transitorio y unidad de base de este conjunto habitacional, se presenta como un dispositivo transgénero de tipo ficticio y performativo al servicio del cuestionamiento y de la reflexión, y dotado de la capacidad de medir intensidades reales e imaginarias.

CAMP es como una disociación poética del cuerpo y el espacio, de la historia y los hechos de Logroño a la luz de la memoria, la pasada y la presente. Es una máquina de narrar, de fragmentos e inicios.

LUCAS MUÑOZ

Underground

The underground is where what ends up seeing light grows. Take caves where wines are macerated, or clandestine clubs hidden underground. In any case, they are spaces separated from the external realities.

Skate culture was born in the empty swimming pools of California in the drought of the 1970s. Today it includes different ways of dressing and styles of music.

The Calado de San Gregorio is reminiscent of underground clubs with sweaty walls and reverberant acoustics. But it also recalls an inverted ramp. This installation creates a dialogue with the space in those two registers. A sound installation that invites visitors to imagine a moment they could have witnessed, the birth of an urban culture.

Subterránea

En lo subterráneo es donde crece lo que acaba viendo la luz: las cuevas donde se maceran los vinos, por ejemplo, o los clubs clandestinos ocultos bajo tierra. Se trata, en cualquier caso, de espacios separados de las realidades exteriores.

La cultura *skate* nació en las piscinas vacías de California durante la sequía de los años setenta, y hoy engloba formas de vestir y estilos de música diversos.

El calado de San Gregorio recuerda esos clubs subterráneos de paredes sudorosas y acústica reverberante, pero también una rampa invertida. Esta instalación dialoga con el espacio en esos dos términos. Una instalación sonora que invita al visitante a imaginar un momento del que podría haber sido testigo, el nacimiento de una cultura urbana.

ÉCOLE SUPÉRIEURE DE DESIGN DE TROYES

Soucoupe Populaire

The outcome of a student workshop, *Soucoupe Populaire* is the work of Camille Le Mesre de Pas, Léo Letouzé, and Justine Thomas. They wanted to create a popular place made of poplar wood. It is a meeting point that attracts young and old thanks to its intriguing shape. The aim of the saucer is to propose various activities, so that festival-goers can appropriate the space and thus create their own unsuspected uses. On the last day of the festival, visitors were able to meet up in a friendly atmosphere, with music and soup being served. The installation allows for an exchange between citizens and visitors: to meet, to circulate energy, to create alliances and unique memories, unique to each of them.

Soucoupe Populaire

Soucoupe Populaire nace de un taller de estudiantes. La intención de sus autores, Camille Le Mesre de Pas, Léo Letouzé y Justine Thomas, era crear un espacio popular con madera de álamo. Es un punto de encuentro que, gracias a su intrigante forma, atrae tanto a jóvenes como a mayores. El objetivo del cuenco es proponer varias actividades para que el público del festival pueda adueñarse del espacio y asignarle sus propios e insospechados usos. El último día del festival, los visitantes pudieron reunirse en un ambiente amigable, con música y sopa para todos. La instalación permite un intercambio entre los ciudadanos y los visitantes: conocerse, hacer que fluya la energía y crear alianzas y recuerdos únicos, exclusivos de cada persona.

SILVIA BACHETTI + AGNESE CASADIO

Arch-Play

Arch-Play is an invitation to shift our usual perspective on architecture and the city. It creates a new, playful relationship between the band of parking lots and the adjacent facades along Calle Muro de la Mata.

The distinctive architecture of the archway is extracted from its context and turned upside down, with colorful elastic nets located in lieu of arches.

The resulting installation transforms a solid piece of architecture into a soft landscape, a hybrid between an oversized urban sofa and a playground. Residents and visitors alike are invited to crawl in, lie down or roll around and jump on the net.

Arch-Play

Arch-Play es una invitación a cambiar nuestra perspectiva habitual de la arquitectura y la ciudad. Crea una nueva relación lúdica entre la franja de aparcamientos y las fachadas adyacentes de la calle Muro de la Mata.

La característica arquitectura de los arcos se extrae de su contexto y se invierte, con redes elásticas de colores en el lugar de los arcos.

La instalación resultante transforma una pieza sólida de arquitectura en un paisaje suave, un híbrido entre un sofá urbano sobredimensionado y un parque infantil. Se invita tanto a residentes como a visitantes a reptar, tumbarse o rodar y saltar sobre la red.

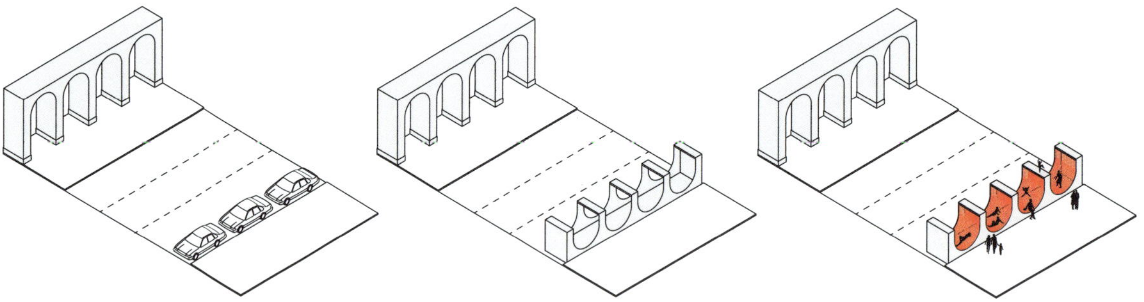

SARA RICCIARDI STUDIO

Razzle Dazzle

In Plaza del Mercado, *Razzle Dazzle* is an eye that employs camouflage aesthetics, a graphic technique used in war to confuse the enemy. This scenario, which questions the traditional perception of public space, is energized through parkour performative actions, a discipline that strongly advocates for the art of movement using one's physical means in space. This visually stimulating experience aims to encourage reflection on freedom of expression and the importance of maintaining an open and critical perspective amidst current social and political pressures.

Razzle Dazzle

En la plaza del Mercado, *Razzle Dazzle* es un ojo que usa la estética del camuflaje, una técnica gráfica empleada en la guerra para desorientar al enemigo. Este escenario, que cuestiona la percepción tradicional del espacio público, se dinamiza con acciones de *parkour*, disciplina que aboga resueltamente por el arte de moverse usando los medios físicos propios de cada cual en el espacio. Esta experiencia, rica en estímulos visuales, persigue fomentar la reflexión sobre la libertad de expresión y lo importante que es mantener un punto de vista abierto y crítico en medio de las presiones sociales y políticas del momento actual.

Riojana

MALTE MARTIN

Mikado Flowers

Mikado Flowers is a landscape sculpture that mobilizes various imaginaries between mikados, teepees, and a floral universe.

Felipe VI Park lacks the kind of vegetation, branches, foliage, and bushes that children can lose themselves in.

Mikado Flowers transforms the park into a sensitive terrain where we are no longer just spectators but the explorers of a plastic, graphic, and even sound experience.

Mikado Flowers

Mikado Flowers es una escultura paisajística que moviliza imaginarios diversos, entre el mikado, los tipis y un universo floral.

Al parque Felipe VI le falta una vegetación de esas en las que puedan perderse los niños, con sus ramas, su follaje y sus arbustos.

Mikado Flowers convierte el parque en un territorio sensible, donde pasamos de ser meros espectadores a exploradores de una experiencia plástica, gráfica e incluso sonora.

SPAC
7

Many elements of our daily lives never see the light of day. They are private. But they are also common, shared by everyone in their own personal bubbles. Bringing these elements out into public space, maybe changing their scale and introducing new ways of using them, alters their meaning. Some interventions have transformed plazas into living rooms, courtyards into kitchens, or streets into intimate retreats, inviting passersby to engage with urban space in a more personal way. These projects challenge conventional notions of public and private, highlighting how cities can foster a sense of belonging. Tables can be used in many different ways. The scale of the house changes. when common private elements are displayed in public space, they gain different meanings.

DOMESTICATING PUBLIC SPACE

DOMESTICANDO EL ESPACIO PÚBLICO

7

Nuestra vida cotidiana está llena de elementos que nunca ven la luz del día; son privados, pero también comunes, porque los compartimos todos, cada uno en su burbuja personal. Llevarlos al espacio público, cambiándolos de escala, por ejemplo, e incorporando nuevas maneras de usarlos, modifica su significado. Algunas intervenciones han convertido plazas en salas de estar, patios en cocinas o calles en refugios íntimos, invitando al transeúnte a entablar una relación más personal con el espacio urbano. Cuestionando las nociones convencionales de lo público y lo privado, estos proyectos hacen hincapié en que las ciudades pueden fomentar un sentimiento de pertenencia. Las mesas admiten muchos y muy distintos usos. La escala de la casa cambia, y la exhibición de elementos privados y comunes en el espacio público les añade otros significados.

GONZALO HERRERO + PATI SANTOS [CENTRAL SAINT MARTINS]

De-Alienating the Home

De-Alienating the Home explores contemporary domesticity in response to questions of ecology and well-being. The installation and performance, developed in conjunction with students from Central Saint Martins, seeks to break with the modern canons of domestic space. The passageway next to the former tobacco factory is transformed into a surreal home where visitors and passersby will become residents of an unexpected domestic space. A space is inhabited by unusual objects and furniture that invite people to question the function of each room and its limits, and how these define the space and themselves.

De-Alienating the Home

De-Alienating the Home explora la domesticidad contemporánea para dar respuesta a cuestiones de ecología y bienestar. La instalación y performance, en la que han participado alumnos de Central Saint Martins, pretende romper con los cánones modernos del espacio doméstico. El pasaje contiguo a la antigua fábrica de tabacos es transformado en una vivienda surrealista que convierte a los visitantes y los transeúntes en moradores de un espacio doméstico imprevisto. Se puebla un espacio con objetos y muebles insólitos que invitan a cuestionar la función de cada estancia, sus límites y cómo definen el espacio y se definen a sí mismos.

ANDER LÓPEZ ALBERDI + SARAI OLABARRIETA MORALES

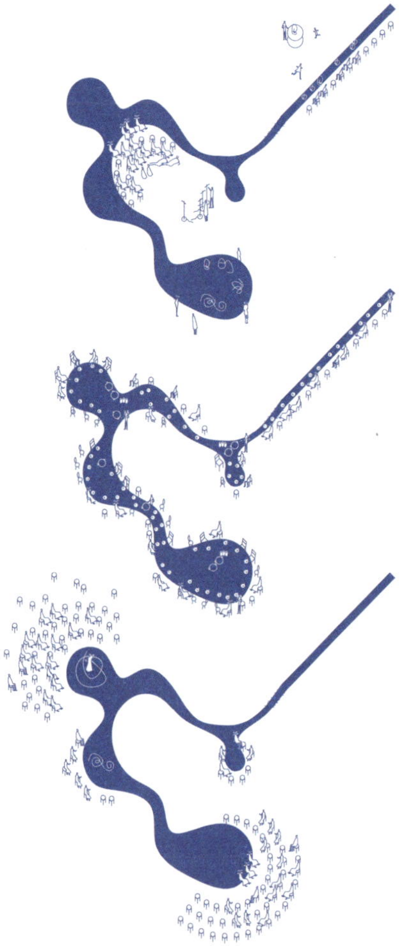

To the Table!

Everything, from the most routine events of everyday life to some of the most important moments in history, have occurred at tables. At the table you eat, study, play, debate, read, do crafts... and even sign peace treaties. A table has the power to create such powerful scenes around it, like the performance *The Artist Is Present* by Marina Abramovic, *The Last Supper*, or the iconic image of the recent meeting between Vladimir Putin and Emmanuel Macron in Moscow in February 2022.

To the Table! welcomes all kinds of picturesque situations. It aims to be the meeting point for the communities that surround it: the La Rioja design school, Plaza del Ayuntamiento, and the historic center of Logroño, all seem to gravitate around the table.

¡A la mesa!

En las mesas ha pasado de todo, desde los acontecimientos más rutinarios del día a día hasta algunos de los momentos más importantes de la historia. En ellas se come, se estudia, se juega, se debate, se lee, se hacen manualidades... y hasta se firman tratados de paz. Una mesa tiene el poder de crear escenas tan potentes a su alrededor como la performance *The Artist Is Present* de Marina Abramovic, la *Última Cena* o la icónica imagen que nos dejó la reciente reunión entre Vladímir Putin y Emmanuel Macron en Moscú en febrero de 2022.

¡A la mesa! tiene el objetivo de acoger todo tipo de situaciones pintorescas. Quiere ser el punto de encuentro de las comunidades que la rodean: la Escuela Superior de Diseño de La Rioja, la plaza del Ayuntamiento, el centro histórico de Logroño... Todos parecen gravitar alrededor de la mesa.

'55

JENNYFHER ALVARADO + ÁLVARO GONZÁLEZ

An Elevated Table in the Landscape

An Elevated Table in the Landscape features a red carpet that transitions from the landscape to a found domestic space. Behind the curtain appears a raised table, where visitors can meet to share an experience through the senses and create links with the context. Gaps in the facade reflect the movement of the interior, but without competing with the importance of the landscape. These views are framed with a subtle red ribbon, which links the ever-present context with the interior activity. Smells permeate the interior, delicate notes that refer to the quality of the product and past family experiences around a table.

Una mesa elevada en el paisaje

Una mesa elevada en el paisaje se compone de una alfombra roja que a partir del paisaje transita a un espacio doméstico encontrado. Detrás del telón aparece una mesa elevada, donde los visitantes se pueden reunir para compartir una experiencia a través de los sentidos y crear lazos con el contexto. En la fachada hay huecos que reflejan el movimiento del interior, pero sin competir con la importancia del paisaje. Estas vistas se enmarcan con un sutil listón rojo que vincula el contexto omnipresente con la actividad interna. El interior del espacio está impregnado de olores, notas delicadas que remiten a la calidad del producto y a experiencias familiares del pasado alrededor de una mesa.

GABRIELLE VINSON + QUENTIN DEVOYER + EDWIN TOLEDO

Urban Salon

Plaza del Revellín is a square like no other. From its elongated and semi-enclosed morphology emanates a feeling of intimacy. In addition, due to its position, it is protected by the limit of what remains of Logroño's fortified wall.

Urban Salon captures and reinforces this notion of intimacy by forcing visitors to cross the threshold of the square in order to enter the installation. Through its domestic character and suggested interiority, it questions the role and use of the square within the city.

Salón urbano

La plaza del Revellín no es una plaza como las demás. De su morfología, muy larga y poco abierta, emana una sensación de intimidad. Por otra parte, su ubicación hace que quede protegida por el límite de lo que queda de la muralla de Logroño.

Salón urbano capta y refuerza esta idea de intimidad haciendo que los visitantes penetren en la instalación cruzando el umbral de la plaza. A través de su naturaleza doméstica, y de la interioridad que sugiere, cuestiona el papel y el uso de la plaza en la ciudad.

200
160
158
198

ATTILA KIM + BOGDAN CIOCODEICA

Party

Party is a symbolic gesture that brings together all the members of the multicultural community of Logroño, which make up twelve percent of the city's population. The large platform floats above the square paving like a large picnic blanket, which focuses attention on the central table, a metaphor for friendship and openness. The graphic structure of the colorful surface is inspired by the geometric patterns of traditional carpets, an element common to all ethnic groups, and uses the colors of national flags. The result is a patchwork, an *almazuela*, formed by all the national colors and an eloquent expression of the city's multicultural fabric.

Fiesta

Fiesta es una intervención simbólica que aglutina a todos los integrantes de la comunidad intercultural de Logroño, un doce por ciento de la población de la ciudad. Flotando sobre el pavimento de la plaza a la manera de una gran manta de pícnic, la amplia plataforma dirige la atención hacia la mesa central, metáfora de amistad y apertura. La estructura gráfica y el colorido de la superficie se inspiran en los patrones geométricos de las alfombras tradicionales, elemento común a todos los grupos étnicos, y que reproduce los colores de las banderas nacionales. El resultado es un *patchwork*, una almazuela formada por todos los colores nacionales que ofrece una expresión lo más completa posible del tejido multicultural de la ciudad.

PAWEL GROBELNY

Shadows

Shadows is both a functional and artistic gesture. The benches are an extension of the slender columns of the city hall, designed by Rafael Moneo. The benches are the same color as the columns and their length is the same as their height. In a bird's eye view, they can be perceived as a shadow, or as an extension of the columns.

In addition to this purely visual aspect, they also have a social dimension. The distance between the benches is close enough so that people sitting on two of them can make contact. This is conducive to social gatherings in the square, sitting across from each other in groups of varying sizes.

Sombras

Sombras es un gesto al mismo tiempo funcional y artístico. Los bancos constituyen una extensión de las esbeltas columnas del edificio del Ayuntamiento, diseñado por Rafael Moneo. Son del mismo color que las columnas, y su longitud coincide con la altura de estas últimas. A vista de pájaro se pueden percibir como una sombra o prolongación de las columnas.

Además de este aspecto puramente visual, también tienen una dimensión social. Los bancos están bastante cerca los unos de los otros para que quienes se sienten en dos de ellos lleguen a tocarse. Con ello se fomentan los encuentros en la plaza, y el sentarse frente a frente en grupos de mayor o de menor tamaño.

RAIVIOBUMANN

Basic Forms (of Urban Life)

Basic Forms (of Urban Life) is an interactive installation that defies conventional norms of urban design, focusing on the alteration and acceptance of disorder in cities and public places. It consists of plywood furniture of different colors and shapes, which disperse and transform as people interact with them, moving and reorganizing the pieces to create shapes and add new functions and meanings. The forms intuitively invite people to connect them, to react with creativity and a playful spirit, while spontaneous actions and the use of furniture also create new forms and unplanned arrangements.

Formas básicas (de vida urbana)

Formas básicas (de vida urbana) es una instalación interactiva que desafía las normas convencionales del diseño urbano, centrándose en la modificación y aceptación del desorden en las ciudades y los espacios públicos. Está compuesta por muebles de madera contrachapada, de distintos colores y formas, que se dispersan y transforman a medida que la gente interactúa con ellos, moviéndolos y reorganizándolos para crear formas y añadir nuevas funciones y significados. Las formas invitan intuitivamente a que la gente las conecte entre ellas y reaccione con creatividad y espíritu lúdico. Al mismo tiempo, las acciones espontáneas y el uso de los muebles crean nuevas formas y colocaciones que no entraban en lo planeado.

ESD MADRID

Take out the Chairs!

Take out the Chairs! proposes a living organism that trusts people to generate their own spaces.

Deciding how to relate in public space depends on the existing street furniture and the spaces it generates. *Take out the Chairs!* invites visitors to build a series of objects and transform the city library. The installation runs through the central courtyard of the building. It is comprised of a set of lattices from which people can remove pieces and use them to make seats and tables, taking over the space. The goal is to to awaken people's playful side and encourage interaction with the place, people, and texts.

¡Saca las sillas!

¡Saca las sillas! propone un organismo vivo que confía en las personas para generar sus propios espacios.

Decidir cómo relacionarnos en el espacio público depende del mobiliario urbano preexistente y de los espacios que genera. *¡Saca las sillas!* invita a los visitantes a construir una serie de objetos con los que transformar la Biblioteca de La Rioja. La instalación discurre por el patio central del edificio. Está compuesta por un conjunto de celosías de las que la gente puede sacar piezas con las que formar asientos y mesas, adueñándose con ello del espacio. El objetivo es despertar el lado lúdico de las personas, animándolas a interactuar con el espacio, la gente y los textos.

TUDOR VLĂSCEANU

House with Four Palm Trees

House with Four Palm Trees fills the empty space of a garden with an unusual volume. From a distance, the massive, practically opaque, almost symmetrical and dark object is autonomous. It's an ideal object, imperturbable and mysterious.

From the inside, a new dimension is revealed. The space is defined by four large planes that lean on each other toward the interior. The structure contributes to this fragile balance. The inside feels compressed by the outside. There is an act of resistance that allows a different reading of reality.

The space only opens toward the four palm trees and the sky. It is from the inside that the object explains itself, and it is from there that a new abstract exterior emerges, stimulating our imagination.

Casa con cuatro palmeras

Casa con cuatro palmeras llena el vacío de un jardín con un volumen inusual. Visto desde lejos, este objeto oscuro de grandes dimensiones, prácticamente opaco, y casi simétrico, es autónomo. Se trata de un objeto ideal, imperturbable y misterioso.

Dentro se revela una nueva dimensión. El espacio queda definido por cuatro grandes planos que se apoyan los unos en los otros, inclinados hacia dentro. La estructura contribuye a este frágil equilibrio. El interior da la sensación de estar comprimido por el exterior. Hay un acto de resistencia que permite una lectura distinta de la realidad.

El espacio solo se abre a las cuatro palmeras y el cielo. Es en su interior donde se explica el objeto a sí mismo, y desde donde aparece un nuevo exterior de carácter abstracto, que despierta nuestra imaginación.

COLLECTIVE X

The Archetype of the House

Until less than a century ago, the iconic form of the gabled house was reserved for the house of man and the house of the gods. The seven-sided polyhedron is a universal form of architecture; it is an archetype in the Jungian sense.

The Archetype of the House not only redefines this archetype. It also redefines its surroundings by framing the landscape and generating a series of modules where visitors can contemplate the environment. These spaces seek to create a reflective and contemplative atmosphere regarding humanity's relationship with nature.

The central span of the door, which is repeated in all parts of the plan, creates a feeling of continuity and total immersion in the natural atmosphere.

El arquetipo de la casa

Hasta hace menos de un siglo, la forma icónica de la casa a dos aguas estaba reservada a la casa del hombre y a la casa de los dioses. El poliedro de siete caras es una forma universal de la arquitectura, un arquetipo en el sentido junguiano.

El arquetipo de la casa no redefine solo este arquetipo, sino también su entorno, enmarcando el paisaje y generando así una serie de módulos donde el visitante puede contemplar el entorno. Estos espacios buscan crear una atmósfera reflexiva y contemplativa que remite al contacto del hombre con la naturaleza.

El vano central de la puerta, repetido en todos los planos, crea una sensación de continuidad e inmersión absoluta en la atmósfera natural.

Credits / Créditos

Credits for installations shown in Conversation
Créditos de las instalaciones mostradas en Conversación

3, 9 Plastique Fantastique
RINGdeLUXE / RINGdeLUXE

6 Branco del Río
In the Tunnel / En el túnel

8 SpY
Eclipse / Eclipse

10, 24 44 Flavour
A Topographic-Landscape-Painted / Paisaje topográfico pintado

11 Associates Architecture
Extra-Ordinary Gate / Puerta Extra-Ordinaria

12 Lanza Atelier
1973-2021 / 1973-2021

14 Pool is Cool + Dallas
Workshop / Taller

14 Bud Cud
Urban Seedbeds / Semilleros urbanos

15 VAPAA Collective
39,186 Empty Rooms / 39.186 Habitaciones vacías

17, 21 Willem de Haan
Public Monument / Monumento público

18 Didier Faustino
I Eat The World / Me como el mundo

20 Sara Ricciardi Studio
Razzle Dazzle / Razzle Dazzle

22 Camille Walala
Projected Shadow / Sombra proyectada

23 Benedetto Bufalino
The Wooden Cover Over the Cars / La cubierta de madera sobre los coches

24 Syn Architects
Open Segments / Segmentos abiertos

25 Estudio Casao-Terrazas
Concéntrico Brochure / Folleto Concéntrico

25 Daniel Montes + Sara Canalejas
Artifacts / Artefactos

26 Pool is Cool + Dallas
Siluroño / Siluroño

27 Ander López Alberdi + Sarai Olabarrieta Morales
To the Table! / ¡A la mesa!

28 Sebastián Andrés Podestá + Lucas Seré Pletzer
The Square / La plaza

29 Konstantin Grcic
Arenas / Arenas

29 Recetas Urbanas
The Rebellion of the Crazy Army / La rebelión del Crazy Army

30 Iza Rutkowska
Equestrian Statue (Troy) / Estatua ecuestre (Troya)

Photography Credits
Créditos de fotografías

Josema Cutillas
All photographs by Josema Cutillas, except for the pages listed below / Todas las fotografías de Josema Cutillas salvo las páginas listadas a continuación:

Javier Antón
3, 8, 12, 14↑, 15, 18, 24↓, 25↑, 26, 29↑, 30, 32, 38↑, 124, 130, 137, 142, 143, 149, 157↑, 168, 169, 171, 173, 174, 175, 198, 198↓, 199, 200, 201, 208, 263, 272, 273, 316, 320

Sara Cuerdo
11, 14↓, 20, 21, 27, 81↘, 152, 153, 156, 165, 178, 179, 183, 190↑, 194, 195, 198↗, 248, 295

Marco Canevacci
9

Willem de Haan
17, 80, 81

Laurian Ghinițoiu
24↑, 160, 184, 224, 226

Recetas Urbanas
29↓

Maciej Landsberg
38↗, 38↓, 39↓

Cristian Corvin
47

Anna & Eugeni Bach
89

Luis Díaz Díaz
116

BoysPlayNice
135

Rafael Lafuente:
162

José Hevia
243, 244↓

Bruno Lança
314

Illustration and Model Credits
Créditos de maquetas e ilustraciones

Front Cover
Portada

Lanza Atelier, 1973-2021
Photography / Fotografía:
Josema Cutillas

Back Cover
Contraportada

Daryan Knoblauch, Scenius 26003
Photography / Fotografía:
Josema Cutillas

Acknowledgments

This book is the result of a decade of collective work that has made Concéntrico a living, transformative project, deeply committed to the city. Over these years, more than 160 interventions have shaped an ongoing dialogue between architecture, citizenship, and public space.

Our deepest gratitude goes to all the individuals and teams who have been part of this story: architects, designers, artists, curators, researchers, technicians, volunteers, and the people of Logroño. Edition after edition, they have shared their vision, energy, and talent to imagine new ways of inhabiting the city.

We would like to thank the Cultural Foundation of the Architects of La Rioja, whose support has made the organization of the festival possible, as well as the team whose tireless dedication and commitment to an open, inclusive, and critical urban culture have brought each edition to life: Irene, Arturo, Sonia, Belén, Rocío, María, Beatriz and Susana, who have formed part of this journey from the outset.

We also thank all those who have accompanied us in the task of explaining and publicizing the project, helping to project its voice beyond the physical space of the festival: José Luis, Marta, Josema, Javier, Asier, Laura, Israel, Cristina, Rebeca, Sara, Rafael, Guillermo, Javier, Cuca, Andrea, Nuria and Maite, for their sensitivity, commitment and generous gaze.

We are grateful for the continued support of the public institutions that have believed in the power of design as a tool for transformation, from the local to the international level: the City Council of Logroño, the Government of La Rioja, and the companies Garnica and Bodegas LAN, for their active collaboration and long-term vision.

Our recognition also goes to the network of cultural, social, and educational institutions—local, national, and international—that have contributed to the territorial development of the project and strengthened our global reach: Ministry of Culture, Ministry of Housing and Urban Agenda, Goethe-Institut, Daniel and Nina Carasso Foundation, Red Planea, Institut français, Wallonie-Bruxelles Architectures, Ibero-American Institute of Finland, Visit Finland, Istituto Italiano di Cultura, Romanian Cultural Institute, Embassy of Portugal, Czech Center, Polish Cultural Institute, British Council, Embassy of the Netherlands, Quebec Office in Spain, Pro Helvetia - Swiss Arts Council, Embassy of Hungary, Embassy of Mexico, King Abdulaziz Center for World Culture - Ithra, Porto Academy, ArtWorks, MAS Context, Logroño Integración del Ferrocarril, Acción Cultural Española, Embassy of the Czech Republic, Instituto Cervantes, Museo Würth La Rioja, Métropole Rouen Normandie, Fundació Mies Van der Rohe, Fundacja Bęc Zmiana, Logroño Intercultural, Marqués de Murrieta, Filmoteca de La Rioja, Casa de la Imagen, Sala Amós Salvador, Biblioteca de La Rioja, Museo de La Rioja, Europa Creativa Cultura, Biblioteca Rafael Azcona, Centro de Cultura Contemporánea Conde Duque, Centro Riojano de Innovación Educativa.

Thank you to the educational institutions that have turned Concéntrico into a space for collective learning, fostering critical and creative reflection from the classroom to the city:

University of the Arts London - Central Saint Martins, University of Illinois Chicago, Architectural Association School of Architecture, Taubman College of Architecture and Urban Planning of Michigan, École Supérieure de Design de Troyes, Escuela Superior de Diseño de La Rioja, IES Batalla de Clavijo, IES Práxedes Mateo Sagasta, CEIP Las Gaunas, CEIP Duquesa de la Victoria, CEIP Madre de Dios, Universidad Popular, Istituto Europeo di Design, Universidad del País Vasco, Escuela Superior de Diseño de Madrid, École nationale supérieure d'architecture de Normandie, Pratt Institute School of Architecture, Escuela de Arquitectura de Toledo.

And to the companies and professionals who have made each intervention possible with their expertise, commitment, and dedication:

Construcciones Calleja, Prosma, Gerardo Gorris, Carpintería Zangroniz, Montajes dePedro, Reprocentro, Benjamin Moore, Construcciones Fercam, Espacios verdes, Cristalería Ruíz, R6 Living, Impar más uno, Matías Jadraque, Cerámicas Sampedro, VboLaRioja, Alquisagar, Desguaces El Cortijo, imel, Osaba, Cristalerías Vinuesa, Kubicek, mmcité, La Tavina, osmo, Jorge Fernández.

Concéntrico continues as an ongoing urban laboratory —this book is part of that shared process.

Agradecimientos

Este libro es el resultado de una década de trabajo colectivo que ha hecho de Concéntrico un proyecto vivo, transformador y profundamente comprometido con la ciudad. En estos años, más de 160 intervenciones han dado forma a una conversación continua entre arquitectura, ciudadanía y espacio público.

Nuestro agradecimiento más sincero a todas las personas y equipos que han sido parte de esta historia: arquitectos, diseñadores, artistas, comisarios, investigadores, técnicos, voluntarios y vecinos de Logroño, que edición tras edición han compartido su visión, energía y talento para imaginar nuevas formas de habitar la ciudad.

Gracias a la Fundación Cultural de los Arquitectos de La Rioja, que ha facilitado la organización del festival, y al equipo que ha hecho posible cada edición con su dedicación incansable y su compromiso con una cultura urbana abierta, inclusiva y crítica: Irene, Arturo, Sonia, Belén, Rocío, María, Beatriz y Susana, que han formado parte de esta travesía desde el inicio.

También queremos agradecer a quienes nos han acompañado en la tarea de contar y difundir el proyecto, ayudando a proyectar su voz más allá del espacio físico del festival: José Luis, Marta, Josema, Javier, Asier, Laura, Israel, Cristina, Rebeca, Sara, Rafael, Guillermo, Javier, Cuca, Andrea, Nuria y Maite, por su sensibilidad, complicidad y mirada generosa.

Agradecemos el apoyo continuado de las instituciones públicas que han creído en el poder del diseño como herramienta de transformación, desde lo local a lo internacional: al Ayuntamiento de Logroño, al Gobierno de La Rioja, y a las empresas Garnica y Bodegas LAN, por su colaboración activa y su visión a largo plazo.

Nuestro reconocimiento también a la red de entidades culturales, sociales y educativas —locales, nacionales e internacionales— que han contribuido al desarrollo territorial del proyecto y que han reforzado nuestro alcance global: Ministerio de Cultura, Ministerio de Vivienda y Agenda Urbana, Goethe-Institut, Fundación Daniel y Nina Carasso, Red Planea, Institut français, Wallonie-Bruxelles Architectures, Instituto Iberoamericano de Finlandia, Visit Finland, Istituto Italiano di Cultura, Instituto Cultural Rumano, Embajada de Portugal, Centro Checo, Instituto Polaco de Cultura, British Council, Embajada de Países Bajos, Oficina de Quebec en España, Pro Helvetia - Swiss Arts Council, Embajada de Hungría, Embajada de México, King Abdulaziz Center for World Culture - Ithra, Porto Academy, ArtWorks, MAS Context, Logroño Integración del Ferrocarril, Acción Cultural Española, Embajada de la República Checa, Instituto Cervantes, Museo Würth La Rioja, Métropole Rouen Normandie, Fundació Mies Van der Rohe, Fundacja Bęc Zmiana, Logroño intercultural, Marqués de Murrieta, Filmoteca de La Rioja, Casa de la Imagen, Sala Amós Salvador, Biblioteca de La Rioja, Museo de La Rioja, Europa Creativa Cultura, Biblioteca Rafael Azcona, Centro de Cultura Contemporánea Conde Duque, Centro Riojano de Innovación Educativa.

Gracias a las entidades educativas que han convertido Concéntrico en un espacio de aprendizaje colectivo, impulsando la reflexión crítica y creativa desde las aulas hasta la ciudad: University of the Arts London - Central Saint Martins, University of Illinois Chicago, Architectural Association School of Architecture, Taubman College of Architecture and Urban Planning of Michigan, École Supérieure de Design de Troyes, Escuela Superior de Diseño de La Rioja, IES Batalla de Clavijo, IES Práxedes Mateo Sagasta, CEIP Las Gaunas, CEIP Duquesa de la Victoria, CEIP Madre de Dios, Universidad Popular, Istituto Europeo di Design, Universidad del País Vasco, Escuela Superior de Diseño de Madrid, École nationale supérieure d'architecture de Normandie, Pratt Institute School of Architecture, Escuela de Arquitectura de Toledo.

Y a las empresas y profesionales que han hecho posible cada intervención con su experiencia, compromiso y dedicación: Construcciones Calleja, Prosma, Gerardo Gorris, Carpintería Zangroniz, Montajes dePedro, Reprocentro, Benjamin Moore, Construcciones Fercam, Espacios verdes, Cristalería Ruíz, R6 Living, Impar más uno, Matías Jadraque, Cerámicas Sampedro, VboLaRioja, Alquisagar, Desguaces El Cortijo, imel, Osaba, Cristalerías Vinuesa, Kubicek, mmcité, La Tavina, osmo, Jorge Fernández.

Concéntrico continúa como un laboratorio urbano en marcha, y este libro es parte de ese proceso compartido.